한 번에 합격하는
한자자격시험 4급

(사)한자교육진흥회 주관
한국한자실력평가원 시행

한 번에 합격하는
한자자격시험 4급

김시현 지음

머리말

최근 한자 학습에 대한 열기가 부쩍 높아졌습니다. 그동안 우리말을 되살린다는 명분으로 한글 전용이 수도 없이 논의되었으며 이것이 실제 교육현장에 적용되어 소위 '한글 전용 세대'가 등장하기도 하였습니다. 그러나 지난 수십 년간의 논쟁에도 불구하고 한자에 대한 학습 열기가 식기는커녕, 점점 높아져만 가고 있는 것은 왜일까요? 물론 21세기에 중국이 새로운 열강으로 등장하는 등 국제 정세와의 관계를 무시할 수 없겠지만, 가장 중요한 것은 우리말이 한자와 떼려야 뗄 수 없는 사이이기 때문일 것입니다.

〈우리말 큰사전〉(한글학회 편)에 따르면 표제어 45만 자 중 52.1%가 한자어라고 합니다. 실로 엄청난 숫자가 아닐 수 없습니다. 이것은 한글이 등장하기 전까지 3,600여 년간 한자를 문자로서 사용해왔기 때문이며, 한자를 주요 문자로 사용해온 동아시아 전반의 문화적 특징에서 기인한 것입니다. 즉, 한자는 동아시아가 공유하는 문화기반이며, 우리 전통 문화의 일부인 것입니다.

한자를 모르면 우리말 구사력이 현저히 낮아질 수밖에 없습니다. 한자어인 '양식'을 예로 들어봅시다. 한글로만 썼을 경우 문맥을 파악하지 않으면 糧食(먹을거리)인지 樣式(일정한 형식)인지 또는 洋食(서양식 음식)인지 알 수가 없습니다. 그러나 한자로 쓰면 바로 이해할 수 있으니 어휘 이해의 효율성 또한 높아집니다. 이런 이유로 대부분의 대학과 기업체, 그리고 일부 공공기관들이 선발기준 중 하나로 한자실력을 보는 것입니다.

한자자격시험은 이러한 한자실력을 검증하는 하나의 도구입니다. 일정급수를 얻으면 유효기간이 평생 동안 유지되기 때문에 일단은 시험을 통과하는 것이 중요하다고 생각할지도 모르겠습니다. 그러나 한자실력을 진정 자신의 자산으로 삼기 위해서는 급수 시험에만 연연하지 말고 공부를 계속해가는 것이 무엇보다도 중요합니다. 이 책은 한자자격시험을 준비하는 여러분을 위해 최적화된 학습방향을 제시하고자 만들어졌습니다. 이 책이 여러분의 한자실력을 증진하는 데 큰 도움이 될 수 있으리라 생각합니다.

김시현

차례

한자자격시험 안내

1. 급수별 선정한자 및 교과서한자어 일람표
급수별 선정한자 일람표 ········· 12
교과서한자어 일람표 ········· 28

2. 4급 선정한자 풀이 ········· 35

3. 기타 출제유형 익히기
교과서한자어 풀이 ········· 104
필수 한자성어 ········· 115

4. 실전대비 예상·기출문제
한자자격시험 예상문제(4급 1~3회) ········· 124
한자자격시험 기출문제(준4급 1~2회, 4급 1~2회) ········· 136
정답 ········· 152
답안지 ········· 157

한자자격시험 안내

1. 국가공인 한자자격시험이란

- 한자자격시험은 국가에서 공인한 시험(신규공인: 2004. 1, 재공인: 2006. 2)입니다.
- 자격종목 및 등급: 한자실력급수(사범, 1급, 2급, 3급)
  ※ 교양한자급수: 준3급, 4급, 준4급, 5급, 준5급, 6급, 7급, 8급
- 국가공인 한자자격 취득자는 법률에 의거, 여타의 국가공인 자격증과 똑같은 대우를 받습니다.
- 국가공인 한자자격을 취득한 초·중·고등학생은 교육인적자원부(현 교육과학기술부) 훈령 제719호에 의거, 학교생활기록부 자격증 및 인증취득상황란에 등재됩니다.

2. 한자자격시험의 특징

한자사용능력을 종합적으로 평가합니다.
한자평가원에서 시행하는 한자자격시험은 단순히 한자를 많이 암기하는 능력을 평가하는 시험이 아닙니다. 한자에 대한 이해, 실생활에서의 한자 활용능력, 어휘력, 교과서한자어 인지도 등을 종합적으로 평가하며 이 과정을 통해 자연스럽게 언어능력 및 문장 구성능력이 향상될 수 있습니다.

사고력과 어휘력을 향상시킵니다.
한자자격시험은 사고능력을 향상시킬 수 있도록 구성되어 있습니다. 한자자격시험 대비 교재를 공부하는 과정을 통해 자연스럽게 사고력과 어휘력의 향상이 이루어질 수 있습니다.

학업성적 향상에 기여합니다.
초·중등학교 교과서에 자주 나오는 한자어를 평가하고 있으므로, 시험대비 과정을 통해 자연스럽게 교과서에 나오는 어려운 어휘에 대한 이해력을 높여 학교에서의 학업능력을 향상시킵니다.

교과학습능력을 신장시킵니다.
한자자격시험은 각 학교급별 수준에 맞는 내용으로 급수별 평가를 시행하고 있습니다. 각 급수의 수준을 초등학교 1학년부터 고등학교 3학년, 대학, 일반 등으로 나누어 제시하고 있으며, 다시 해당 교과서에 자주 등장하는 단어(한자어)를 분석하여 한자 공부를 할 수 있도록 하고 있습니다. 이를 바탕으로 학습자는 자신이 공부해야 할 급수를 선택할 수 있고, 또 학습과정을 통해 해당 교과서에 나오는 한자어를 공부하게 됩니다. 이는 교과서 단어에 대한 뜻을 정확히 이해하고 해석하는 데 도움을 주어 결과적으로 교과학습 성취도를 높이는 데 도움이 됩니다.

(1) 한자자격시험
- 주관: 사단법인 한자교육진흥회(社團法人 漢字敎育振興會)
- 시행: 한국한자실력평가원(韓國漢字實力評價院)

(2) 한자자격시험 일정
- 연 4회
- 매 2월, 5월, 8월, 11월 시행(사정에 따라 변경될 수 있음)
- 응시자격: 제한 없음

(3) 한자자격시험 준비물 및 입실 시간
- 접수 준비물: 기본인적사항, 반명함판 사진(3cm×4cm) 2매, 응시원서, 응시료
- 시험 준비물
  ① 수험표
  ② 신분증(학생증, 주민등록증, 운전면허증, 여권-초등학생과 미취학 아동은 건강보험증 또는 주민등록등본)
  ③ 컴퓨터용 사인펜
  ④ 검정색 필기구(연필 사용 불가)
  ⑤ 수정 테이프(수정액 사용 불가)
- 고사장 입실시간: 시험 시작 20분 전까지

(4) 한자자격시험 급수별 출제범위

급수		사범	1급	2급	3급	준3급	4급	준4급	5급	준5급	6급	7급	8급
평가한자수	계	5,000자	3,500자	2,300자	1,800자	1,350자	900자	700자	450자	250자	170자	120자	50자
	선정한자	5,000자	3,500자	2,300자	1,300자	1,000자	700자	500자	300자	150자	70자	50자	30자
	교과서 실용한자어	고전 및 한시	500단어(이상)	500단어(이상)	500자(436단어)(이상)	350자(305단어)(이상)	200자(156단어)(이상)	200자(139단어)(이상)	150자(117단어)(이상)	100자(62단어)(이상)	100자(62단어)(이상)	70자(43단어)(이상)	20자(13단어)(이상)

- 한자자격시험은 사범~8급까지 총 12개 급수로 구성되어 있습니다.
- 국가공인급수는 사범~3급까지, 민간자격법에 의한 교양한자급수는 준3급~8급까지입니다.

(5) 급수별 출제 문항 수 및 출제기준

구분			급수	사범	1급	2급	3급	준3급	4급	준4급	5급	준5급	6급	7급	8급(첫걸음)
출제기준		문항수 합계		200	100	100	100	100	100	100	100	100	80	50	50
	주관식	문항수		150	100	70	70	70	70	70	70	70	50	20	20
		비율		75% 이상	65% 이상	70% 이상	70% 이상	70% 이상	70% 이상	70% 이상	70% 이상	70% 이상	60% 이상	40% 이상	40% 이상
		한자쓰기		25	25	25	20	20	20	20	20	20	10	-	-
	객관식	문항수		50	50	30	30	30	30	30	30	30	30	30	30
문항별 배점				2	2	2	2	1	1	1	1	1	1.25	2	2
만점(환산점수: 100점 만점)				400(100)	300(100)	200(100)	200(100)	100	100	100	100	100	100	100	100

(6) 급수별 합격기준

구분	급수	사범	1급	2급	3급	준3급	4급	준4급	5급	준5급	6급	7급	8급(첫걸음)
합격 기준(문항수 기준)		80% 이상	70% 이상	70% 이상	70% 이상	70% 이상	70% 이상	70% 이상	70% 이상	70% 이상	70% 이상	70% 이상	70% 이상

(7) 급수별 시험시간, 출제유형별 비율(%)

구분		급수	사범	1급	2급	3급	준3급	4급	준4급	5급	준5급	6급	7급	8급 (첫걸음)
시험시간			120분	80분	60분	60분	60분	60분	60분	60분	60분	60분	60분	60분
출제기준	급수별 선정한자	훈음	25	15	15	15	15	15	15	15	15	20	25	25
		독음	35	15	15	15	15	15	15	15	15	20	25	25
		쓰기	25	20	20	20	20	20	20	20	20	10	–	–
		기타	15	15	15	15	15	15	15	15	15	15	15	15
		소계	100	65	65	65	65	65	65	65	65	65	65	65
	교과서 실용한자어	독음	–	10	10	15	15	15	15	15	15	15	15	15
		용어뜻	–	10	10	10	10	10	10	10	10	10	10	10
		쓰기	–	5	5	0	0	0	0	0	0	0	0	0
		기타	–	10	10	10	10	10	10	10	10	10	10	10
		소계	–	35	35	35	35	35	35	35	35	35	35	35
합계			100	100	100	100	100	100	100	100	100	100	100	100

(8) 국가공인 한자자격 취득자 우대

- 자격기본법 제27조에 의거 국가자격 취득자와 동등한 대우 및 혜택
- 직업교육훈련기관에서 입학 전형자료로 활용
- 직업능력의 우월성 인정으로 취업 시 우대
- 공공기관과 기업체 채용, 보수, 승진과정에서 우대하며 전문대학, 대학교 입학 시 가산점 인정(※우대 반영비율 및 세부사항은 기업체 및 대학 입시 요강에 따름)
- 초·중·고등학생은 교육인적자원부(현 교육과학기술부) 훈령 제719호에 따라 학교생활기록부 자격증 및 인증취득상황란에 등재
- 대상 급수 : 사범, 1급, 2급, 3급

3. 이 책의 특징

이 책은 국가공인 한자자격시험 관리 운영기관인 '(사)한자교육진흥회'가 주관하고, '한국한자실력평가원'에서 시행하는 교양급수 4급 한자자격시험 대비 수험서입니다.

- 이 책은 한자자격시험의 평가 기준과 평가 의도를 정확히 반영하고 있습니다.
- 이 책은 (사)한자교육진흥회의 평가 기준에 따라 준4급 및 4급 선정한자 400자와 교과서한자어 212단어(중복단어 제외), 한자성어 등을 단원별로 구성하여 학습효율을 높일 수 있도록 하였습니다.
- 지금까지 여타 '한자검정'은 '한자의 글자수 암기능력'만을 측정하여 자격을 부여하고 있습니다. 반면 〈한자자격시험〉은 한자 인지학습은 물론, 초·중·고의 학교급별 교과서에 쓰이고 있는 한자어를 읽고 쓰고 뜻을 알게 하는 과정을 통해 우리말의 어휘력과 사고력, 문제의 핵심을 파악하게 하는 능력 등을 높여 자연스럽게 교과학습 성취도를 향상시켜 줍니다. 이 책은 이러한 평가 방향과 내용을 정확히 분석하여 학습 효과를 높이는 것은 물론이고, 최고의 한자자격시험 적중률을 자랑합니다.

4. 이 책의 구성

- 책의 앞부분에 급수별 선정한자 목록을 수록하였습니다. 4급 선정한자 700자는 5급까지의 하위급수 한자에 준4급 및 4급 고유한자 400자가 더해진 것입니다. **한자자격시험 준4급 및 4급에서는 고유한자 400자의 출제 빈도가 매우 높기 때문에 이 글자들을 집중적으로 학습할 수 있도록 구성하였습니다.**
- 각 단원은 다시 '4급 선정한자 풀이'와 '교과서한자어 풀이', '필수 한자성어', '실전대비 예상·기출문제'로 구성하여 중층적·단계적 학습이 가능하도록 하였습니다.

1 급수별 선정한자 및 교과서한자어 일람표

- 8급 선정한자
- 7급 선정한자
- 6급 선정한자
- 준5급 선정한자
- 5급 선정한자
- 준4급 선정한자
- 4급 선정한자

급수별 선정한자일람표

8급 선정한자

九	아홉 구
口	입 구
女	계집 녀
六	여섯 륙
母	어머니 모
木	나무 목
門	문 문
白	흰 백
父	아버지 부, 남자미칭 보
四	넉 사
山	메 산
三	석 삼
上	위 상
小	작을 소
水	물 수
十	열 십
五	다섯 오
王	임금 왕
月	달 월
二	두 이
人	사람 인
日	날 일
一	한 일
子	아들 자
中	가운데 중
七	일곱 칠
土	흙 토
八	여덟 팔
下	아래 하
火	불 화

7급 선정한자

江	강 강
工	장인 공
金	쇠 금, 성 김
男	사내 남
力	힘 력
立	설 립
目	눈 목
百	일백 백
生	날 생
石	돌 석
手	손 수
心	마음 심
入	들 입

급수별 선정한자 일람표

自	스스로 자
足	발 족
川	내 천
千	일천 천
天	하늘 천
出	날 출
兄	맏 형

6급 선정한자

南	남녘 남
內	안 내, 여관(女官) 나
年	해 년
東	동녘 동
同	한가지, 같을 동
名	이름 명
文	글월 문
方	모, 방향 방
夫	지아비, 남편 부
北	북녘 북, 달아날 배
西	서녘 서
夕	저녁 석
少	적을 소
外	바깥 외
正	바를 정

弟	아우 제
主	주인 주
靑	푸를 청
寸	마디 촌
向	향할 향

준5급 선정한자

歌	노래 가
家	집 가
間	사이 간
車	수레 거, 수레 차
巾	수건 건
古	옛 고
空	빌 공
敎	가르칠 교
校	학교 교
國	나라 국
軍	군사 군
今	이제 금
記	기록할 기
氣	기운 기
己	몸 기
農	농사 농
答	대답, 답할 답

급수별 선정한자 일람표

한자	뜻·음	한자	뜻·음
代	대신할 대	世	세상 세
大	큰 대	所	바, 곳 소
道	길 도	時	때 시
洞	골 동, 꿰뚫을 통	市	저자, 시장 시
登	오를 등	食	밥 식, 먹이 사
來	올 래	植	심을 식
老	늙을 로	室	집 실
里	마을 리	安	편안할 안
林	수풀 림	羊	양 양
馬	말 마	語	말씀 어
萬	일만 만	午	낮 오
末	끝 말	玉	구슬 옥
每	매양 매	牛	소 우
面	낯 면	右	오른 우
問	물을 문	位	자리 위
物	물건, 만물 물	有	있을 유
民	백성 민	育	기를 육
本	근본 본	邑	고을 읍
不	아니 불, 아니 부	衣	옷 의
分	나눌 분, 푼 푼	耳	귀 이
士	선비 사	字	글자 자
事	일 사	長	긴 장
色	빛 색	場	마당 장
先	먼저 선	電	번개 전
姓	성씨 성	前	앞 전

급수별 선정한자 일람표

全	온전할, 전체 전
祖	할아비, 조상 조
左	왼 좌
住	살 주
地	땅 지
草	풀 초
平	평평할 평
學	배울 학
韓	나라이름 한
漢	한수, 한나라 한
合	합할 합, 홉 홉
海	바다 해
孝	효도 효
休	쉴 휴

5급 선정한자

各	각각 각
感	느낄 감
强	강할 강
開	열 개
去	갈 거
犬	개 견
見	볼 견, 뵐 현
京	서울 경
計	셀 계
界	지경, 경계 계
苦	괴로울, 쓸 고
高	높을 고
功	공(들일) 공
共	함께 공
科	과목 과
果	과실, 과일 과
光	빛 광
交	사귈 교
郡	고을 군
近	가까울 근
根	뿌리 근
急	급할 급
多	많을 다
短	짧을 단
當	마땅할 당
堂	집 당
對	대답할, 대할 대
圖	그림 도
度	법도 도, 헤아릴 탁
刀	칼 도
讀	읽을 독, 구절 두
冬	겨울 동
童	아이 동

급수별 선정한자 일람표

頭	머리 두
等	무리 등
樂	즐거울 락, 풍류 악, 좋아할 요
禮	예도, 예절 례
路	길 로
綠	푸를 록
理	다스릴, 이치 리
李	오얏 리
利	이로울 리
命	목숨 명
明	밝을 명
毛	털 모
無	없을 무
聞	들을 문
米	쌀 미
美	아름다울 미
朴	순박할, 성씨 박
反	돌이킬, 반대 반
半	절반 반
發	필, 일어날 발
放	놓을 방
番	차례 번
別	다를, 나눌 별
病	병 병
步	걸음 보
服	옷 복
部	거느릴, 나눌 부
死	죽을 사
書	글 서
席	자리 석
線	줄, 실 선
省	살필 성, 덜 생
性	성품 성
成	이룰 성
消	사라질 소
速	빠를 속
孫	손자 손
樹	나무 수
首	머리 수
習	익힐 습
勝	이길 승
詩	글 시
示	보일 시
始	처음, 시작 시
式	법 식
神	귀신 신
身	몸 신
信	믿을 신
新	새로울 신
失	잃을 실

급수별 선정한자 일람표

愛	사랑 애
野	들 야
夜	밤 야
藥	약 약
弱	약할 약
陽	볕 양
洋	큰 바다 양
魚	물고기 어
言	말씀 언
業	일 업
永	길 영
英	꽃부리 영
勇	날쌜, 용기 용
用	쓸 용
友	벗 우
運	움직일, 옮길 운
遠	멀 원
原	들, 언덕, 근본 원
元	으뜸 원
油	기름 유
肉	고기 육
銀	은 은
飮	마실 음
音	소리 음
意	뜻 의

者	놈, 사람 자
昨	어제 작
作	지을 작
章	글 장
在	있을 재
才	재주 재
田	밭 전
題	제목 제
第	차례 제
朝	아침 조
族	겨레 족
晝	낮 주
竹	대 죽
重	무거울 중
直	곧을 직
窓	창문 창
淸	맑을 청
體	몸 체
村	마을 촌
秋	가을 추
春	봄 춘
親	친할 친
太	클 태
通	통할 통
貝	조개 패

급수별 선정한자 일람표

便	편할 편, 똥오줌 변
表	겉 표
品	물건 품
風	바람 풍
夏	여름 하
行	다닐 행
幸	다행 행
血	피 혈
形	모양 형
號	이름, 차례 호
花	꽃 화
話	말씀 화
和	화할, 화목할 화
活	살 활
黃	누를 황
會	모일 회
後	뒤 후

준4급 선정한자

價	값 가
加	더할 가
可	옳을 가
角	뿔 각
甘	달 감
改	고칠 개
個	낱 개
客	손님 객
決	결단할 결
結	맺을 결
輕	가벼울 경
敬	공경할 경
季	철, 계절 계
固	굳을 고
考	상고할, 생각 고
告	알릴 고
曲	굽을 곡
公	공변될, 귀할 공
課	매길, 공부할 과
過	지날 과
關	관계할, 빗장 관
觀	볼 관
廣	넓을 광
橋	다리 교
求	구할 구
君	임금 군
貴	귀할 귀
極	다할 극
給	줄 급
期	기약할, 때 기

급수별 선정한자 일람표

技	재주 기
基	터 기
吉	길할, 좋을 길
念	생각 념
能	능할 능
談	말씀 담
待	기다릴 대
德	덕, 큰 덕
都	도읍 도
島	섬 도
到	이를 도
動	움직일 동
落	떨어질 락
冷	찰 랭
兩	두 량
良	어질 량
量	헤아릴 량
歷	지낼 력
領	옷깃, 다스릴 령
令	하여금, 명령할 령
例	법식, 전례 례
勞	수고로울 로
料	헤아릴 료
流	흐를 류
亡	망할 망

望	바랄 망
買	살 매
妹	아랫누이 매
賣	팔 매
武	굳셀, 무력 무
味	맛 미
未	아닐 미
法	법 법
兵	군사 병
報	갚을, 알릴 보
福	복 복
奉	받들 봉
富	부자 부
備	갖출 비
比	견줄, 비교 비
貧	가난할 빈
氷	얼음 빙
仕	벼슬할 사
思	생각 사
師	스승 사
史	역사 사
使	하여금, 부릴 사
産	낳을 산
算	셈 산
賞	상줄 상

급수별 선정한자 일람표

相	서로 상		兒	아이 아
商	장사 상		惡	악할 악, 미워할 오
常	항상 상		案	책상, 생각 안
序	차례 서		暗	어두울 암
船	배 선		約	맺을 약
仙	신선 선		養	기를 양
善	착할 선		漁	고기 잡을 어
雪	눈 설		億	억 억
說	말씀 설		如	같을 여
星	별 성		餘	남을 여
城	재, 성씨 성		然	그럴 연
誠	정성 성		熱	더울 열
洗	씻을 세		葉	잎 엽
歲	해 세		屋	집 옥
送	보낼 송		溫	따뜻할 온
數	셈 수		完	완전할 완
守	지킬 수		要	구할, 중요 요
宿	잠잘 숙		雨	비 우
順	순할 순		雲	구름 운
視	볼 시		園	동산 원
試	시험 시		願	원할 원
識	알 식		由	말미암을 유
臣	신하 신		義	옳을 의
實	열매 실		醫	의원 의
氏	성씨 씨		以	써 이

급수별 선정한자 일람표

因	인할 인	種	씨 종
姉	맏누이 자	罪	허물, 죄 죄
再	두, 다시 재	注	물댈 주
材	재목, 재료 재	止	그칠 지
財	재물 재	志	뜻 지
爭	다툴 쟁	知	알 지
低	낮을 저	至	이를 지
貯	쌓을 저	紙	종이 지
的	과녁 적	支	지탱할 지
赤	붉을 적	進	나아갈 진
典	법, 책 전	眞	참 진
戰	싸움 전	質	바탕 질
傳	전할 전	集	모일 집
展	펼 전	次	버금 차
店	가게 점	參	참여할 참
庭	뜰 정	責	꾸짖을 책
情	뜻 정	鐵	쇠 철
定	정할 정	初	처음 초
調	고를 조	祝	빌 축
助	도울 조	充	채울 충
鳥	새 조	忠	충성 충
早	이를 조	致	이를 치
存	있을 존	他	다를 타
卒	군사, 마칠 졸	打	칠 타
終	마칠 종	宅	집 택

급수별 선정한자 일람표

統	거느릴, 다스릴 통
特	특별할 특
敗	패할, 질 패
必	반드시 필
河	물 하
寒	찰 한
害	해칠, 해로울 해
香	향기 향
許	허락할 허
現	나타날 현
好	좋을 호
湖	호수 호
畫	그림 화
化	될, 변화할 화
患	근심 환
回	돌 회
效	본받을, 효력 효
訓	가르칠 훈
凶	흉할 흉
黑	검을 흑

4급 선정한자

街	거리 가
假	거짓 가
佳	아름다울 가
干	방패 간
看	볼 간
減	덜 감
甲	껍질, 갑옷 갑
擧	들 거
巨	클 거
建	세울 건
乾	하늘 건, 마를 건(간)
更	다시 갱, 고칠 경
慶	경사 경
競	다툴 경
耕	밭갈 경
景	볕 경
經	지날, 글, 경선 경
庚	천간, 별 경
溪	시내 계
癸	천간 계
故	연고, 원인 고
谷	골 곡
骨	뼈 골
官	벼슬 관
救	구원할, 도울 구
究	궁구할, 연구 구
句	글귀, 말 구

급수별 선정한자 일람표

舊	옛 구
久	오랠 구
弓	활 궁
權	권세 권
均	고를 균
禁	금할 금
及	미칠 급
其	그 기
起	일어날 기
乃	이에 내
怒	성낼 노
端	바를, 끝 단
丹	붉을 단
單	홑, 홀로 단
達	통달할, 도달할 달
徒	무리 도
獨	홀로 독
斗	말 두
得	얻을 득
燈	등잔 등
旅	나그네 려
連	이을 련
練	익힐 련
烈	매울, 뜨거울 렬
列	벌릴 렬

論	논할, 말씀 론
陸	뭍, 땅 륙
倫	인륜, 윤리 륜
律	법 률
滿	찰 만
忘	잊을 망
妙	묘할 묘
卯	토끼 묘
務	힘쓸 무
尾	꼬리 미
密	빽빽할, 몰래 밀
飯	밥 반
防	막을 방
房	방 방
訪	찾을 방
拜	절 배
伐	칠 벌
變	변할 변
丙	남녘 병
保	지킬, 보호할 보
復	돌아올 복, 다시 부
否	아닐 부
婦	지어미, 며느리, 부인 부
佛	부처 불
悲	슬플 비

급수별 선정한자 일람표

한자	뜻/음	한자	뜻/음
非	아닐 비	受	받을 수
鼻	코 비	授	줄 수
巳	뱀, 지지 사	純	순수할 순
謝	사례할 사	戌	개, 지지 술
私	사사로울 사	拾	주울 습, 열 십(十)
絲	실 사	承	이을 승
寺	절 사, 관청 시	是	옳을 시
舍	집 사	辛	매울 신
散	흩어질 산	申	펼, 지지 신
想	생각 상	眼	눈 안
選	가릴, 뽑을 선	若	같을, 만약 약
鮮	고울 선	與	더불, 줄 여
舌	혀 설	逆	거스를 역
聖	성스러울, 성인 성	硏	갈, 연구 연
盛	성할 성	榮	영화 영
聲	소리 성	藝	재주 예
細	가늘 세	誤	그릇될, 그르칠 오
勢	권세, 세력 세	往	갈 왕
稅	세금 세	浴	목욕할 욕
笑	웃음 소	容	얼굴 용
續	이을 속	遇	만날 우
俗	풍속 속	雄	수컷 웅
松	소나무 송	危	위태할 위
收	거둘 수	偉	클, 위대할 위
修	닦을 수	爲	할 위

급수별 선정한자 일람표

遺	남길 유		祭	제사 제
酉	닭, 지지 유		製	지을 제
恩	은혜 은		兆	조 조
乙	새 을		造	지을 조
陰	그늘 음		尊	높을, 존경할 존
應	응할 응		坐	앉을 좌
依	의지할 의		走	달릴 주
異	다를 이		朱	붉을 주
移	옮길 이		衆	무리 중
益	더할 익		增	더할 증
引	끌 인		持	가질 지
印	도장 인		指	손가락 지
寅	범 인		辰	별 진
認	알 인		着	붙을 착
壬	천간, 북방, 클 임		察	살필 찰
將	장수 장		唱	부를, 노래 창
適	맞을, 적당 적		冊	책 책
敵	원수 적		處	곳, 살 처
節	마디 절		聽	들을 청
接	이을, 가까이 할 접		請	청할 청
停	머무를 정		最	가장 최
井	우물 정		蟲	벌레 충
精	정기, 가릴 정		取	가질, 취할 취
政	정사, 정치 정		治	다스릴 치
除	덜, 제외할 제		齒	이 치

급수별 선정한자 일람표

則	법칙 칙
針	바늘 침
快	쾌할 쾌
脫	벗을 탈
探	찾을 탐
退	물러날 퇴
波	물결 파
判	판단할 판
片	조각 편
布	베, 펼 포
暴	사나울, 드러낼 폭(포)
筆	붓 필
限	한정, 끝 한
解	풀 해
鄕	시골, 마을 향
協	도울 협
惠	은혜 혜
呼	부를 호
戶	지게문, 집 호
婚	혼인할 혼
貨	재화, 재물 화
興	일어날 흥
希	바랄 희

뜻과 음이 여럿인 한자

[8급]

| 父 | 아비 부, 남자미칭 보 |

[7급]

| 金 | 쇠 금, 성 김 |

[6급]

| 內 | 안 내, 여관(女官) 나 |
| 北 | 북녘 북, 달아날 배 |

[준5급]

車	수레 거, 수레 차
分	나눌 분, 푼 푼
不	아니 불, 아니 부
食	밥 식, 먹일 사
合	합할 합, 홉 홉

[5급]

見	볼 견, 뵐 현
度	법도 도, 헤아릴 탁
讀	읽을 독, 구절 두
洞	골 동, 꿰뚫을 통
樂	즐거울 락, 풍류 악, 좋아할 요

급수별 선정한자 일람표

| 省 | 살필 성, 덜 생 |
| 便 | 편할 편, 똥오줌 변 |

[준4급]

告	알릴 고, 뵙고 청할 곡
說	말씀 설, 달랠 세, 기쁠 열
數	셈 수, 자주 삭, 빽빽할 촉
宿	잠잘 숙, 별자리 수
識	알 식, 기록할 지
氏	성씨 씨, 나라이름 지
惡	악할 악, 미워할 오
葉	잎 엽, 땅이름 섭
參	참여할 참, 석 삼(三)
宅	집 택, 집 댁
畫	그림 화, 그을 획

[4급]

乾	하늘 건, 마를 간(건)
更	다시 갱, 고칠 경
丹	붉을 단, 꽃이름 란
復	돌아올 복, 다시 부
否	아닐 부, 막힐 비
寺	절 사, 관청 시
拾	주울 습, 열 십(十)
若	같을(만약) 약, 절 야
辰	별 진, 때 신
則	법칙 칙, 곧 즉
布	펼 포, 펼 보(속음)
暴	사나울 포, 드러낼 폭, 사나울 폭

* **속음**: 원음이 변하여 널리 통용되어지는 음

교과서 한자어 일람표

[준4급]

假想	가상
干拓	간척
葛藤	갈등
檢事	검사
儉素	검소
揭示板	게시판
結晶	결정
競爭	경쟁
經驗	경험
考證學	고증학
空名帖	공명첩
恐慌	공황
科擧	과거
誇張	과장
官僚制	관료제
慣性	관성
寬容	관용
拘束令狀	구속영장
國粹主義	국수주의
均田制	균전제
極冠	극관
根據	근거
金融實名制	금융실명제
肯定的	긍정적
矜持	긍지
氣孔	기공
起訴	기소
機智	기지
嗜好作物	기호작물
懶怠	나태
納稅	납세
冷却	냉각
濃度	농도
多元社會	다원사회
臺本	대본
帶電	대전
大衆媒體	대중매체
導體	도체
摩擦力	마찰력
幕府	막부
萬有引力	만유인력
免疫	면역
模倣	모방
描寫	묘사
民譚	민담
民事裁判	민사재판
密度	밀도

교과서한자어 일람표

反射	반사	勢道政治	세도정치
反映	반영	消費	소비
放縱	방종	疏通	소통
背景	배경	需要	수요
配慮	배려	受精	수정
排他主義	배타주의	隨筆	수필
普通選擧	보통선거	殉葬	순장
封建制度	봉건제도	褶曲	습곡
副都心	부도심	施設作物	시설작물
否定的	부정적	心象	심상
分析	분석	液化	액화
不飽和	불포화	旅程	여정
朋黨	붕당	連帶	연대
卑俗語	비속어	汚染	오염
比喩	비유	倭亂	왜란
貧富隔差	빈부격차	慾心	욕심
司法府	사법부	溶解	용해
私法	사법	寓話	우화
思想	사상	月蝕	월식
辭典	사전	衛星都市	위성도시
山脈	산맥	維新	유신
散策	산책	隱語	은어
常識	상식	音韻	음운
生長點	생장점	匿名性	익명성
星團	성단	忍耐	인내

교과서한자어 일람표

慈悲	자비
自律	자율
莊園	장원
在宅勤務	재택근무
抵抗	저항
專制政治	전제정치
絕對王政	절대왕정
情緒	정서
帝國主義	제국주의
祭政一致	제정일치
潮境水域	조경수역
條約	조약
尊嚴	존엄
遵法精神	준법정신
中繼貿易	중계무역
中華思想	중화사상
蒸散作用	증산작용
地球溫暖化	지구온난화
志操	지조
質量	질량
參政權	참정권
責任	책임
淸廉	청렴
追憶	추억
推薦	추천
抽出	추출
趣味	취미
妥協	타협
討論	토론
投票	투표
平衡	평형
寒帶氣候	한대기후
含蓄的	함축적
海岸段丘	해안단구
革命	혁명
刑法	형법
刑事裁判	형사재판
形態素	형태소
胡亂	호란
呼應	호응
環境	환경
還穀	환곡

[4급]

可採	가채
價値	가치
干拓	간척
葛藤	갈등
降水量	강수량
皆旣月蝕	개기월식

교과서한자어 일람표

儉素	검소		懶怠	나태
揭示板	게시판		納稅	납세
隔差	격차		濃度	농도
經濟	경제		多元社會	다원사회
考證學	고증학		踏査	답사
恭敬	공경		臺本	대본
公演	공연		大衆媒體	대중매체
恐慌	공황		導體	도체
誇張	과장		突然變異	돌연변이
寡占	과점		摩擦力	마찰력
慣性	관성		埋藏	매장
寬容	관용		脈絡	맥락
慣用表現	관용표현		免疫	면역
國寶	국보		模倣	모방
根據	근거		描寫	묘사
勤勉	근면		博覽會	박람회
金融	금융		博物館	박물관
肯定	긍정		反射	반사
矜持	긍지		反映	반영
氣孔	기공		放縱	방종
氣團	기단		背景	배경
氣壓	기압		配慮	배려
企業	기업		排他主義	배타주의
機智	기지		普通選擧	보통선거
嗜好	기호		福祉	복지

급수별 선정한자 및 교과서한자어 일람표

교과서한자어 일람표

한자어	한글	한자어	한글
封建制度	봉건제도	施設作物	시설작물
副都心	부도심	實踐	실천
分斷	분단	心象	심상
分析	분석	巖石	암석
不飽和	불포화	餘暇	여가
朋黨	붕당	輿論	여론
比較	비교	連帶	연대
卑俗語	비속어	聯想	연상
比喩	비유	令狀	영장
比率	비율	豫見	예견
司法府	사법부	預金	예금
辭典	사전	汚染	오염
朔望月	삭망월	宇宙	우주
散策	산책	衛星都市	위성도시
常識	상식	紐帶	유대
象徵	상징	維新	유신
敍述	서술	隱語	은어
選擇	선택	音韻	음운
細胞	세포	匿名性	익명성
消費	소비	慈悲	자비
疏通	소통	莊園	장원
需要	수요	裁判	재판
輸入	수입	抵抗	저항
隨筆	수필	顚倒	전도
殉葬	순장	專制政治	전제정치

교과서한자어 일람표

絕對王政	절대왕정	縮尺	축척
情緖	정서	趣向	취향
帝國主義	제국주의	妥協	타협
祭政一致	제정일치	討議	토의
潮境水域	조경수역	投資	투자
條約	조약	投票	투표
尊嚴	존엄	販賣	판매
竹林七賢	죽림칠현	偏西風	편서풍
遵法精神	준법정신	平衡	평형
中繼貿易	중계무역	標準語	표준어
蒸散作用	증산작용	寒帶氣候	한대기후
症候群	증후군	函數	함수
地球村	지구촌	含蓄	함축
志操	지조	革命	혁명
地震	지진	血緣	혈연
地層	지층	形態素	형태소
秩序	질서	確率	확률
責任	책임	環境	환경
天賦	천부	還穀	환곡
尖端	첨단	效率	효율
淸廉	청렴	訓詁學	훈고학
體操	체조	戲曲	희곡
超過	초과	稀少性	희소성
追憶	추억		
推薦	추천		

2 4급 선정한자풀이

선정한자 풀이

價 값 가
- 부 人 획 15 준4급
- 亻(사람 인)과 賈(장사 고)가 합쳐진 글자이다. 사람(亻)들이 장사(賈)할 때 파는 물건에는 각각 '값'이 매겨져 있다는 뜻이다.

價値(가치) : 1. 사물이 지니고 있는 쓸모
2. 삶의 목표 또는 대상이 되는 진, 선, 미 따위를 통틀어 이르는 말
價格(가격) : 物件(물건)이 지니고 있는 價値(가치)를 돈으로 나타낸 것
*値 값 치 *格 격식 격

街 거리 가
- 부 行 획 12 준4급
- 行(다닐 행) 안에 土(흙 토) 2개가 겹쳐진 글자이다. 사람들이 다니는(行) 땅(土)은 길이다. 이 길 2개가 서로 겹치며 교차되니, 이는 바로 네거리이다. 따라서 '거리'를 뜻한다.

街談(가담) : 1. 아무 곳에서나 함부로 論議(논의)되는 말
2. 세상의 풍문, 거리의 화제
街談巷說(가담항설) : 세상에 떠도는 뜬 소문
*談 말씀 담 *巷 거리 항 *說 말씀 설

假 거짓 가
- 부 人 획 11
- 亻(사람 인)과 叚(빌릴 가)가 합쳐진 글자이다. 다른 사람(亻)에게서 빌린(叚) 것은 자기의 것이 아니라는 데서 '거짓'이라는 뜻이 되었다.

假想(가상) : 사실이 아니거나 사실 여부가 분명하지 않은 것을 사실이라고 가정하여 생각함
假飾(가식) : 말이나 행동 따위를 거짓으로 꾸밈
假定(가정) : 1. 사실이 아니거나 또는 사실인지 아닌지 분명하지 않은 것을 임시로 인정함
2. 결론에 앞서 근거로 어떤 조건을 내세움
*想 생각할 상 *飾 꾸밀 식 *定 정할 정

加 더할 가
- 부 力 획 5 준4급
- 力(힘 력)과 口(입 구)가 합쳐진 글자이다. 입(口)으로 말하는 데 힘(力)을 많이 쓰면 어떻게 될까? 말이 점점 더 많아질 것이다. 따라서 '더하다'는 뜻이 되었다.

加劃(가획) : 글자의 원래 획수 外(외)에 획을 더함
加減(가감) : 더하기와 빼기, 또는 더하거나 빼어 알맞게 함
*劃 그을 획 *減 덜 감

佳 아름다울 가
- 부 人 획 8
- 亻(사람 인)과 圭(홀 규)가 합쳐진 글자이다. 홀이란 왕이 제후에게 내리던 신표(표식)로, 홀을 들고 왕을 만나러갈 때는 차려 입었다. 따라서 홀(圭)을 든 사람(亻)은 '아름다워' 보였을 것이다.

佳人(가인) : 아름다운 사람
佳作(가작) : 1. 매우 뛰어난 작품
2. 당선은 못되었지만 당선작에 버금가는 작품
*人 사람 인 *作 지을 작

可 옳을 가
- 부 口 획 5 준4급
- 丁(맞을 정)과 口(입 구)가 합쳐진 글자이다. 말(口)을 사리에 맞게(丁) 하는 것이므로 '옳다'는 뜻이다.

可決(가결) : 어떤 안건에 대하여 심의하고 여러 사람이 좋다고 인정하여 결정함
*決 결단할 결

선정한자 풀이

角 뿔 각
부 角　획 7　준4급
짐승의 '뿔' 모양을 본뜬 글자이다.

角度(각도) : 1. 생각의 방향이나 관점
2. 한 점에서 갈려 나간 두 직선이 벌어진 정도
陽角(양각) : 고정된 반직선이 시계 방향과 반대 방향으로 돌아서 생긴 각
*度 법도 도　*陽 볕 양

干 방패 간
부 干　획 3
자루 달린 '방패'의 모양을 본뜬 글자이다.

干涉(간섭) : 직접 관계가 없는 남의 일에 부당하게 참견함
干與(간여) : 관계하여 참견함
*涉 건널 섭　*與 줄 여

看 볼 간
부 目　획 9
手(손 수)와 目(눈 목)이 합쳐진 글자이다. 눈(目) 위에 손(手)을 얹고 목표물을 '본다'는 뜻이다.

看病(간병) : 앓는 사람이나 다친 사람을 돌보고 시중을 듦
看過(간과) : 큰 관심 없이 대강 보아 넘김
看護(간호) : 다쳤거나 앓고 있는 환자나 노약자를 보살펴 돌봄
*病 병 병　*過 지날 과　*護 보호할 호

甘 달 감
부 甘　획 5　준4급
혀 가운데 음식이 놓여진 모양을 본뜬 글자로, 맛이 '달다'는 뜻이다.

甘苦(감고) : 1. 단 것과 쓴 것
2. 즐거움과 괴로움
3. 苦生(고생)을 달게 여김
甘呑苦吐(감탄고토) : 달면 삼키고 쓰면 뱉는다는 뜻으로, 자신의 상황에 따라 옳고 그름을 자의적으로 판단함을 이르는 말
*苦 쓸 고　*呑 삼킬 탄　*吐 토할 토

減 덜 감
부 水　획 12
氵(물 수)와 咸(다 함)이 합쳐진 글자이다. 물통 속 물(水)이 줄어 다(咸)되면 물통이 가벼워질 것이다. 따라서 무게를 '덜다'는 뜻이다.

減量(감량) : 수량이나 무게를 줄임
減少(감소) : 양이나 수치가 줄어듦, 또는 줄임
*量 헤아릴 량　*少 적을 소

甲 껍질, 갑옷 갑
부 田　획 5
싹이 '껍질'을 뒤집어쓰고 땅 위로 돋아나는 모양을 본뜬 글자이다. 그 껍질을 쓰고 있는 모양이 마치 갑옷을 입은 것 같아서 '갑옷'이란 뜻으로 쓰인다.

甲富(갑부) : 첫째가는 큰 부자
同甲(동갑) : 같은 나이, 또는 나이가 같은 사람
*富 부자 부　*同 한가지 동

선정한자 풀이

改 고칠 개
- 부 攵 획 7 준4급
- 己(몸, 자기 기)와 攵(攴, 칠 복)이 합쳐진 글자이다. 아이가 잘못을 하면 쳐서, 즉 때려서 혼내야 한다. 마찬가지로 자기 자신(己)의 잘못 또한 쳐서(攵) 바로잡아 '고친다'는 뜻이다.

改造(개조) : 조직, 구조 따위를 목적에 맞도록 고쳐 만듦
改善(개선) : 잘못된 것이나 부족한 것, 나쁜 것 따위를 고쳐 더 좋거나 착하게 만듦
*造 지을 조　*善 착할 선

個 낱 개
- 부 人 획 10 준4급
- 亻(사람 인)과 固(군을 고)가 합쳐진 글자이다. 사람(亻)이 수를 셀 수 있는 것은 딱딱하게 굳어(固) 형체가 있는 것뿐이다. 이렇게 셀 수 있는 물건 하나하나를 가리켜 '낱'이라고 한다.

個個人(개개인) : 한 사람, 한 사람
個別(개별) : 1. 하나하나
　　　　　　 2. 낱낱이 따로 나눔
*人 사람 인　*別 나눌 별

客 손님 객
- 부 宀 획 9 준4급
- 宀(집 면)과 各(각각 각)이 합쳐진 글자이다. 집(宀)에 제각기(各) 찾아온 사람들은 모두 '손님' 이라는 뜻이다.

客官(객관) : 임시로 일을 보는 다른 관청의 官吏(관리)
科客(과객) : 科擧(과거)를 보러 오거나 보고 돌아가는 선비
*官 벼슬 관　*科 조목 과

擧 들 거
- 부 手 획 18
- 與(더불어 여)와 手(손 수)가 합쳐진 글자이다. 두 손(手)이 함께 더불어(與) 무언가를 신중하게 '들어' 올린다는 뜻이다.

選擧(선거) : 일정한 조직이나 집단이 대표자나 임원을 뽑는 일, 투표하는 일
列擧(열거) : 여러 가지 예나 사실을 낱낱이 죽 늘어놓음
*選 가릴 선　*列 벌릴 렬

巨 클 거
- 부 工 획 5
- 손잡이가 달린 '큰' 자를 본떠 만든 글자이다.

巨閣(거각) : 크고 높은 집
巨大(거대) : 엄청나게 큼
巨額(거액) : 아주 많은 액수의 돈
*閣 누각 각　*大 큰 대　*額 이마 액

建 세울 건
- 부 廴 획 5
- 聿(붓 율)과 廴(끌, 뻗을 인)이 합쳐진 글자이다. 붓(聿)을 뻗어(廴) 글씨를 쓸 때는 붓을 세워서 쓴다. 따라서 '세운다'는 뜻이다.

建設(건설) : 1. 건물, 설비, 시설 따위를 새로 만들어 세움
　　　　　　 2. 조직체 따위를 새로 이룩함
建功(건공) : 나라를 위해 공을 세움
*設 베풀 설　*功 공 공

선정한자 풀이

乾
하늘, 마를 **건(간)**
- 부: 乙 획: 11
- 𠦝(해돋을 간)과 乙(새 을)이 합쳐진 글자이다. 아침 해(𠦝)가 뜨는 곳에 새(乙) 모양의 나무가 자라났다. 처음에는 구부러진 나무였지만 햇빛을 받고 자라나 결국 '하늘'을 향하게 되었다.

乾坤(건곤): 1. 천지
2. 음양
3. 두 권으로 된 책의 순서를 매길 때 쓰던 말
乾杯(건배): 건강, 행복 따위를 빌면서 서로 술잔을 들어 마심
乾性(건성): 1. 공기 중에서 쉽게 마르는 성질
2. 수분을 그다지 필요로 하지 않는 성질
*坤 땅 곤 *杯 잔 배 *性 성품 성

決
결단할 **결**
- 부: 水 획: 7 준4급
- 氵(물 수)와 夬(터놓을 쾌)가 합쳐진 글자이다. 비가 많이 오는 장마철에는 물(水)이 넘치는 것을 막기 위해 둑을 터놓았다(夬). 둑을 트면 가운데가 끊기므로 '끊다', '결단하다'는 뜻이다.

解決(해결): 제기된 문제를 해명하거나 얽힌 일을 잘 처리함
決判(결판): 옳고 그름이나 이기고 짐에 대한 최후 판정을 내림
*解 풀 해 *判 판가름할 판

結
맺을 **결**
- 부: 糸 획: 12 준4급
- 糸(실 사)와 吉(길할 길)이 합쳐진 글자이다. 혼례처럼 길한(吉) 일이 있을 때는 청실과 홍실(糸)을 이었다. 청실은 신랑을, 홍실은 신부를 의미하는데 이 둘을 이어서 인연을 '맺는다'는 뜻이다.

結婚(결혼): 남녀가 정식으로 부부 관계를 맺음
結盟(결맹): 1. 연맹이나 동맹을 결성함
2. 굳은 약속을 맺음
*婚 혼인할 혼 *盟 맹세할 맹

輕
가벼울 **경**
- 부: 車 획: 14 준4급
- 車(수레 거)와 巠(물줄기 경)이 합쳐진 글자이다. 수레(車)가 물 흐르듯(巠) 쉽게 달리려면 '가벼워야' 한다는 뜻이다.

輕減(경감): 1. 덜어내어 가볍게 함
2. 덜어내어 부피나 양을 줄임
輕快(경쾌): 움직임이나 모습, 기분 따위가 가볍고 상쾌함
*減 덜 감 *快 쾌할 쾌

慶
경사 **경**
- 부: 心 획: 15
- 鹿(사슴 록)의 변형자와 心(마음 심)과 夊(뒤져서 올 치)가 합쳐진 글자이다. 경사가 있으면 사슴(鹿) 같은 귀한 음식을 가지고 가서(夊) 마음(心)으로 축하해 주었다. 따라서 '경사'라는 뜻이다.

慶事(경사): 축하할 만한 기쁜 일
慶祝(경축): 경사스러운 일을 축하함
*事 일 사 *祝 빌 축

敬
공경할 **경**
- 부: 攵 획: 9 준4급
- 苟(진실로 구)와 攵(칠 복)이 합쳐진 글자이다. 원래는 마음을 진실되게(苟) 가지려고 스스로 채찍질(攵)하며 행동을 조심한다는 뜻이었다. 오늘날에는 '공경하다'는 뜻으로 쓰인다.

恭敬(공경): 공손히 받들어 모심
尊敬(존경): 남의 인격, 사상, 행위 따위를 받들어 공경함
*恭 공손할 공 *尊 높을 존

선정한자 풀이

更 고칠 경 / 다시 갱
- 부 日 획 7
- 본래는 丙(남녘, 밝을 병)과 攵(칠 복)이 합쳐진 글자이다. 누군가 어두운 길로 빠지면 밝은 쪽(丙)으로 나아가도록 매질해서(攵) '다시' 바르게 '고쳐야' 한다는 뜻이다.

更紙(갱지) : 지면이 좀 거칠고 품질이 낮은 종이
變更(변경) : 다르게 바꾸어 새롭게 고침
*紙 종이 지 *變 변할 변

競 다툴 경
- 부 立 획 20
- 立(설 립)과 口(입 구)와 儿(사람 인)이 합쳐진 글자이다. 두 사람(儿)이 마주 보고 서서(立) 입(口)으로 말다툼을 하는 것이니 '다툰다' 는 뜻이다.

競爭(경쟁) : 같은 목적에 대하여 이기거나 앞서려고 서로 겨룸
競技(경기) : 일정한 규칙 아래 기량과 기술을 겨룸
*爭 다툴 쟁 *技 재주 기

耕 밭갈 경
- 부 人 획 11
- 耒(쟁기 뢰)와 井(우물 정)이 합쳐진 글자이다. 농사를 지으려면 井자 모양으로 구획을 나눈 밭을 큰 쟁기(耒)로 갈아야 한다. 따라서 '밭갈다' 는 뜻이다.

耕作(경작) : 땅을 갈아서 농사를 지음
農耕(농경) : 논밭을 갈아 농사를 지음
*作 지을 작 *農 농사 농

景 볕 경
- 부 日 획 12
- 日(날, 해 일)과 京(높을 경)이 합쳐진 글자이다. 해(日)가 뜰 때 높은 곳(京)에 올라가면 '햇볕' 이 비쳐서 세상이 선명하게 보이므로 경치(景致)나 풍경(風景)이란 말에 쓰인다.

景致(경치) : 산이나 들, 강, 바다 따위의 자연이나 지역의 風景(풍경) 〈유의어〉 景觀(경관)
背景(배경) : 1. 뒤쪽의 경치
2. 사건이나 환경, 인물 따위를 둘러싼 주위의 정경
*致 이를 치 *背 등 배

經 지날, 글, 경선 경
- 부 糸 획 13
- 糸(실 사)와 巠(물줄기 경)이 합쳐진 글자이다. 옷감을 짤 때 물줄기(巠)처럼 실(糸)이 아래로 드리워지는 것이 '날줄' 이다. 날줄이 씨줄을 지나가게 하여 옷감을 짜므로 '지나다' 는 뜻도 있다.

經濟(경제) : 인간의 생활에 필요한 재화나 용역을 생산, 분배, 소비하는 모든 활동
經傳(경전) : 1. 변하지 않는 法式(법식)과 도리
2. 성현의 말이나 행실을 적은 책
3. 종교의 교리를 적은 책
*濟 건널 제 *傳 전할 전

庚 천간, 별 경
- 부 广 획 5
- 广(집 엄)과 丮(절굿공이 오)가 합쳐진 글자이다. 원래 의미는 절굿공이(丮)로 곡식을 찧는다는 것이었지만, 지금은 '일곱 번째 천간' 이라는 뜻으로 주로 쓰인다.

庚伏(경복) : 초복, 중복 말복을 통틀어 이르는 말 〈유의어〉三伏(삼복)
同庚(동경) : 같은 나이를 이르는 말 〈유의어〉同甲
*伏 엎드릴 복 *同 한가지 동

선정한자 풀이

溪 시내 계
부 水 획 13

氵(물 수)와 奚(어찌, 큰배 해)가 합쳐진 글자이다. 배(奚)가 큰 오리가 노니는 물(水)이니, 즉 '시내'를 뜻한다.

溪谷(계곡) : 물이 흐르는 골짜기
溪流(계류) : 산골짜기에 흐르는 시냇물
淸溪(청계) : 맑고 깨끗한 시내
*谷 골 곡 *流 흐를 류 *淸 맑을 청

癸 천간 계
부 癶 획 9

날이 여러 방향으로 튀어 나와 있어 어느 쪽이건 찌를 수 있는 창을 본뜬 글자이다. 그러나 지금은 '열 번째 천간'이란 뜻으로 쓰인다.

癸方(계방) : 24방위의 하나
*方 모 방

季 철, 계절 계
부 子 획 8 준4급

禾(벼 화)와 子(아들 자)가 합쳐진 글자이다. 옛날 사람들은 아직 아이(子)처럼 어린 벼(禾)가 자라나는 것을 보고 계절을 구분했다. 따라서 '철', '계절'이란 뜻이다.

季刊(계간) : 1년에 2번 定期的(정기적)으로 철마다 刊行(간행)함, 또는 그 刊行物(간행물)
季節(계절) : 규칙적으로 되풀이되는 자연현상에 따라서 일 년을 구분한 것
*刊 펴낼 간 *節 마디 절

固 굳을 고
부 囗 획 14 준4급

囗(에울 위)와 古(옛 고)가 합쳐진 글자이다. 무엇이든 오랫동안(古) 에워싸 두면(囗) '굳어진다'는 뜻이다.

固結(고결) : 엉기어 굳어짐
堅固(견고) : 1. 굳고 단단함
2. 사상이나 의자가 동요됨 없이 확고함
*結 맺을 결 *堅 굳을 견

考 상고할, 생각 고
부 老 획 6 준4급

耂(늙을 로)와 丂(교묘할 교)가 합쳐진 글자이다. 노인(耂)은 수완이 교묘(丂)하고 생각하는 것이 깊다. 따라서 '생각하다'는 뜻이 되었다.

考察(고찰) : 어떤 것을 깊이 생각하고 연구함
相考(상고) : 서로 견주어 고찰함
*察 살필 찰 *相 서로 상

告 알릴 고
부 口 획 7 준4급

牛(소 우)와 口(입 구)가 합쳐진 글자이다. 옛날에는 제사를 지낼 때 신에게 소(牛)를 바치고 축사를 말하며(口) 제사가 시작됨을 알렸다. 따라서 '알린다'는 뜻이다.

告發(고발) : 1. 세상에 잘 알려지지 않은 잘못이나 비리 따위를 드러내어 알림
2. 피해자나 고소권자가 아닌 제삼자가 수사 기관에 범죄 사실을 신고함
申告(신고) : 국민이 법령의 규정에 따라 행정 관청에 일정한 사실을 진술, 보고함
*發 필 발 *申 알릴 신

선정한자 풀이

故 연고, 원인 **고**
- 부 攵 획 9
- 古(옛 고)와 攵(칠 복)이 합쳐진 글자이다. 어떤 일의 원인을 알기 위해서는 옛날(古) 일을 들추어내 관련된 사람을 채찍질(攵)해야 한다. 따라서 '연고', '원인'이라는 뜻이다.

故國(고국) : 주로 남의 나라에 있는 사람이 자신의 조상 때부터 살던 나라를 이르는 말
故鄕(고향) : 태어나서 자란 곳
*國 나라 국 *鄕 시골 향

谷 골 **곡**
- 부 谷 획 7
- 산골짜기에서 시작된 샘물이 아래로 넓게 퍼져 내려가는 골짜기의 모양을 본뜬 글자이다. 口는 골짜기 입구를 나타낸 것이고, 八은 물이 퍼지는 모양을 나타낸 것이다.

溪谷(계곡) : 물이 흐르는 골짜기
谷底平地(곡저평지) : 좁은 골짜기 아래의 작은 들
*溪 시내 계 *底 밑 저 *平 평평할 평 *地 땅 지

曲 굽을 **곡**   준4급
- 부 日 획 6
- 대나무로 만든 바구니의 윗부분이 '굽어있는' 모양을 본뜬 글자이다.

歌曲(가곡) : 전통 성악곡의 하나
戱曲(희곡) : 공연을 목적으로 하는 연극의 대본
*歌 노래 가 *戱 놀 희

骨 뼈 **골**
- 부 骨 획 10
- 冎(살 발라낼 과)와 月(肉, 고기 육)이 합쳐진 글자이다. 살(고기)이 붙어 있는 '뼈'를 뜻한다.

骨格(골격) : 1. 동물의 體型(체형)을 이루고 몸을 지탱하는 뼈의 조직
  2. 사물이나 일의 뼈대가 되는 틀거리
骨盤(골반) : 엉덩뼈
弱骨(약골) : 1. 몸이 약한 사람
  2. 약한 골격
*格 격식 격 *盤 소반 반 *弱 약할 약

公 공변될, 귀할 **공**   준4급
- 부 八 획 4
- 八(여덟, 쪼갤 팔)과 厶(사사 사)가 합쳐진 글자이다. 사사로움(厶)과 등진다(八)는 것이니 '공평하다'는 뜻이다.

公共(공공) : 국가나 사회의 구성원에게 두루 관계되는 것
公開(공개) : 1. 여러 사람에게 널리 알리고 터놓음
  2. 여러 사람에게 개방함
*共 함께 공 *開 열 개

課 매길, 공부할 **과**   준4급
- 부 言 획 15
- 言(말씀 언)과 果(결과 과)가 합쳐진 글자이다. 말(言)로 그 결과(果)를 측정하는 시험에 대비하려면 '공부'를 해야 한다. 사업의 결과를 물어보고 알맞은 세금을 '매긴다'는 뜻도 있다.

課程(과정) : 1. 해야 할 일의 정도
  2. 일정한 기간에 교육하거나 학습하여야 할 과목의 내용과 분량
課稅(과세) : 세금을 매김
*程 길 정 *稅 세금 세

선정한자 풀이

過 지날, 허물 과
부 辶 획 13 준4급
咼(입 비뚤어질 괘)와 辶(辵, 갈 착)이 합쳐진 글자이다. 입이 비뚤어진(咼) 것처럼 말이 잘못 나가면(辶) '허물', 즉 실수가 된다. 실례가 될 정도를 넘은 것이므로 '지나다'는 뜻도 있다.

經過(경과) : 1. 시간이 지나감
2. 어떤 단계나 시기, 장소를 거침
3. 일이 되어 가는 과정
超過(초과) : 일정한 수나 한도 따위를 넘음
*經 지날 경 *超 넘을 초

關 관계할, 빗장 관
부 門 획 19 준4급
門(문 문)과 䦒(북에 실 꿸 관)이 합쳐진 글자이다. 양쪽 문(門)고리에 실을 꿰면 어떻게 될까? 마치 '빗장'을 건 것처럼 문이 잠길 것이다. 양쪽 문이 실로 이어지니 '관계'라는 뜻도 된다.

關鍵(관건) : 1. 빗장과 자물쇠
2. 사물의 가장 중요한 곳
關係(관계) : 1. 둘 이상의 사람, 사물, 현상 따위가 서로 관련을 맺거나 관련이 있음
2. 어떤 방면이나 영역에 관련이 있음
*鍵 열쇠 건 *係 맬 계

官 벼슬 관
부 宀 획 8 준4급
宀(집 면)과 㠯(쌓일 퇴)가 합쳐진 글자이다. 지붕(宀) 아래에 일이 가득 쌓여(㠯) 있어서 많은 사람들이 모여서 일해야 하는 곳인 '관청'을 뜻한다. 또한 '벼슬'을 뜻하기도 한다.

官家(관가) : 벼슬아치들이 나랏일을 보던 집
官運(관운) : 관리로 출세하도록 타고난 복 〈유의어〉官福(관복)
官吏(관리) : 관직에 있는 사람
*家 집 가 *運 운반할 운 *吏 벼슬아치 리

觀 볼 관
부 見 획 25 준4급
雚(황새 관)과 見(볼 견)이 합쳐진 글자이다. 황새(雚)가 먹이를 찾기 위해 주위를 자세히 둘러본다(見)는 데서 '보다'는 뜻이 되었다.

觀相(관상) : 수명이나 운명 따위와 관련이 있다고 믿는 사람의 생김새, 얼굴 모습
觀衆(관중) : 연극이나 운동 경기 따위를 구경하는 무리
*相 서로 상 *衆 무리 중

廣 넓을 광
부 广 획 15 준4급
广(집 엄)과 黃(누를 황)이 합쳐진 글자이다. 집(广)이 마치 누런(黃) 황야처럼 텅 비어 '넓다'는 뜻이다.

廣大(광대) : 크고 넓음
廣野(광야) : 텅 비고 아득히 넓은 들
*大 큰 대 *野 들 야

橋 다리 교
부 木 획 16 준4급
木(나무 목)과 喬(높을 교)가 합쳐진 글자이다. 물 위에 높이(喬) 걸쳐 놓은 나무(木)는 '다리'라는 뜻이다.

橋脚(교각) : 다리를 받치는 기둥
橋道(교도) : 다리와 길, 교량과 道路(도로)
*脚 다리 각 *道 길 도

선정한자 풀이

救 구원할 구
- 부 攵 획 11
- 求(구할 구)와 攵(칠 복)이 합쳐진 글자이다. 도움을 구하는(求) 사람을 보면 나쁜 것을 쳐서(攵) 내쫓고 도와줘야 할 것이다. 이처럼 위험에서 꺼내주니 '구원한다' 는 뜻이다.

救助(구조) : 재난 따위를 당하여 어려운 처지에 빠진 사람을 구하여 줌
救援(구원) : 어려움이나 위험에 빠진 사람을 구하여 줌
救出(구출) : 위험한 상태에서 구하여 냄
*助 도울 조 *援 도울 원 *出 날 출

求 구할 구
- 부 水 획 7 준4급
- 원래는 모피로 만든 옷의 모양을 본뜬 글자였다. 모피 옷은 누구나 갖고 싶어 한다는 데서 '구한다' 는 뜻이 되었다.

探求(탐구) : 더듬어 찾아 구함
希求(희구) : 바라고 구함
*探 찾을 탐 *希 바랄 희

究 궁구할, 연구 구
- 부 穴 획 7
- 穴(구멍 혈)과 九(아홉 구)가 합쳐진 글자이다. 구멍(穴) 속을 끝까지(九는 일 단위의 마지막 숫자이다) 파내서 '연구하다' 는 뜻이다.

研究(연구) : 어떤 일이나 사물에 대하여서 깊이 있게 조사하고 생각하여 진리를 따져 보는 일
推究(추구) : 근본까지 깊이 캐어 들어가 연구함
*研 갈 연 *推 밀 추

句 글귀 구
- 부 口 획 5
- 勹(쌀 포)와 口(입 구)가 합쳐진 글자이다. 한 번에 읽을 수 있는 한 토막의 글을 구절이라고 한다. 마치 한 입(口)에 넣을 수 있게 싼(勹) 음식처럼 읽기 좋게 나눠진 구절, 즉 '글귀' 를 뜻한다.

句節(구절) : 한 토막의 말이나 글
詩句(시구) : 시의 句節(구절)
文句(문구) : 글의 句節
*節 마디 절 *詩 시 시 *文 글월 문

舊 옛 구
- 부 臼 획 18
- ⺾(풀 초)와 隹(새 추)와 臼(절구 구)가 합쳐진 글자이다. 새(隹)들이 풀잎(⺾)을 주워다가 절구통(臼)처럼 생긴 둥지를 짓듯 오래된 방식, 즉 '옛것' 이라는 뜻이다.

舊面(구면) : 예전부터 알고 있는 처지, 또는 그런 사람
舊式(구식) : 예전의 방식이나 형식
*面 낯 면 *式 법 식

久 오랠 구
- 부 丿 획 3
- 떠나려는 사람을 뒤에서 잡아끄는 모양을 본뜬 글자이다. 이렇게 잡아끄니 '오랫동안' 머무르게 된다는 뜻이다.

悠久(유구) : 아득하게 오래됨
永久(영구) : 어떤 상태가 시간상으로 무한히 이어짐
*悠 멀 유 *永 길 영

선정한자 풀이

君 임금 군
- 부 口 획 7 준4급
- 尹(다스릴 윤)과 口(입 구)가 합쳐진 글자이다. 입(口)으로 세상을 호령하며 다스리는(尹) 사람은 누굴까? 바로 '임금'이다.

君主(군주) : 세습적으로 나라를 다스리는 최고 지위에 있는 사람
聖君(성군) : 어질고 덕이 뛰어난 임금
*主 주인 주 *聖 성스러울 성

弓 활 궁
- 부 弓 획 3
- 활의 모양을 본뜬 글자이다.

弓術(궁술) : 활 쏘는 기술
名弓(명궁) : 이름난 활, 또는 좋은 활
洋弓(양궁) : 서양식으로 만든 활, 또는 그 활로 겨루는 경기
*術 재주 술 *名 이름 명 *洋 큰바다 양

權 권세 권
- 부 木 획 22
- 木(나무 목)과 雚(황새 관)이 합쳐진 글자이다. 황새(雚)가 먹이를 찾듯 눈을 크게 뜨고 나무(木) 저울을 조절한다는 의미이다. 오늘날에는 세상 일을 조정하는 '권력', '세력'을 뜻한다.

權勢(권세) : 권력과 세력을 아울러 이르는 말
正權(정권) : 정치상의 권력, 또는 정치를 담당하는 권력
*勢 세력 세 *正 바를 정

貴 귀할 귀
- 부 貝 획 12 준4급
- 中(가운데 중)과 一(한 일)과 貝(조개, 돈 패)가 합쳐진 글자이다. 돈(貝)은 세상을 움직이는 중심(中) 중 하나이다. 이런 돈을 노력해서 하나하나(一) 모았으니, 매우 '귀하다' 는 뜻이다.

貴族(귀족) : 가문이나 신분 따위가 좋아 정치·사회적 특권을 가진 계층, 또는 그런 사람
富貴(부귀) : 재산이 많고 지위가 높음
*族 겨레 족 *富 부자 부

均 고를 균
- 부 土 획 7
- 土(흙 토)와 勻(고를 균)이 합쳐진 글자이다. 흙(土)을 고르게(勻) 만드는 것이므로 '평평하다', '고르다' 는 뜻이다.

均等(균등) : 고르고 가지런하여 차별이 없음
均衡(균형) : 어느 한쪽으로 기울거나 치우치지 아니하고 고른 상태
*等 무리 등 *衡 저울대 형

極 다할 극
- 부 木 획 13 준4급
- 木(나무 목)과 亟(빠를 극)이 합쳐진 글자이다. 나무(木)로 지붕을 올리는 일은 빠르게(亟) 해내야 한다. 동시에 집을 완성하는 일이므로, 혼신을 다해야 한다는 데서 '다하다' 는 뜻이 되었다.

極限(극한) : 궁극의 한계, 사물이 진행하여 도달할 수 있는 최후의 단계나 지점
極點(극점) : 1. 극도에 이른 점
            2. 위도 90도의 지점, 남극점과 북극점
*限 한정할 한 *點 점 점

4급 선정한자 풀이

선정한자 풀이

禁 금할 금
부 示 획 13
林(수풀 림)와 示(보일, 제사 시)가 합쳐진 글자이다. 신전 주위에 나무를 심어서 부정한 것이 들어오지 못하도록 '금지한다' 는 뜻이다.

禁書(금서) : 출판이나 판매 또는 독서를 법적으로 금지한 책
禁止(금지) : 하지 못하도록 함
*書 글 서 *止 그칠 지

及 미칠 급
부 又 획 4
人(사람 인)의 변형자와 又(손 우)가 합쳐진 글자이다. 사람(人)을 뒤따라가서 손(又)으로 붙잡으니 그 사람에게 가 닿았음, 즉 '미쳤음'을 뜻한다.

及其也(급기야) : 마지막에 가서는
及第(급제) : 시험이나 검사 따위에 합격함
*其 그 기 *也 어조사 야 *第 차례 제

給 줄 급 준4급
부 糸 획 12
糸(실 사)와 合(합할 합)이 합쳐진 글자이다. 옛날에 옷감 만드는 사람들은 실(糸)로 만든 옷감을 합해서, 즉 모아서(合) 시장상인에게 보냈다. 여기에서 '공급하다', '주다' 는 뜻이 되었다.

給與(급여) : 돈이나 물품 따위를 줌, 또는 그 돈이나 물품
供給(공급) : 요구나 필요에 따라 물품 따위를 제공함
*與 줄 여 *供 이바지할 공

其 그 기
부 八 획 8
원래는 곡식의 쭉정이나 껍질을 골라내는 도구인 키의 모양을 본뜬 글자였다. 오늘날에는 '그것'을 나타내는 지시대명사가 되었다.

其他(기타) : 그 밖의 또 다른 것
各其(각기) : 1. 저마다의 사람이나 사물
　　　　　　2. 각각 저마다
*他 다를 타 *各 각각 각

期 기약할 기 준4급
부 月 획 12
其(그 기)와 月(달 월)이 합쳐진 글자이다. 달력이 없던 시절에는 보름달(月)이 되는 날에 만나자며 약속을 잡았다. 그(其) 날을 오매불망 기다리니 '기약하다' 는 뜻이다.

期間(기간) : 어느 일정한 시기부터 다른 어느 일정한 시기까지의 사이
期約(기약) : 때를 정하여 약속함, 또는 그런 약속
*間 사이 간 *約 맺을 약

起 일어날 기
부 走 획 10
走(달릴 주)와 己(몸, 자기 기)가 합쳐진 글자이다. 달리기(走) 위해서는 먼저 몸(己)을 '일으켜' 세워야 한다. 우리의 인생도 마찬가지이다. 느긋한 자세로는 목표를 향해 달릴 수 없는 것이다.

起床(기상) : 잠자리에서 일어남
起立(기립) : 일어나서 섬
*床 평상 상 *立 설 립

선정한자 풀이

技 재주 기
- 부 手 획 7 준4급
- 扌(손 수)와 支(가를 지)가 합쳐진 글자이다. 사람의 손(手)은 동물의 발바닥과는 달리 긴 손가락으로 갈라져(支) 있다. 덕분에 손으로 다루는 능력, 즉 '재주'가 뛰어난 것이다.

技術(기술) : 1. 과학 이론을 실제로 적용하여 자연의 사물을 인간 생활에 유용하도록 가공하는 수단
2. 사물을 잘 다룰 수 있는 방법이나 능력
技藝(기예) : 예술로 승화될 정도로 갈고 닦은 기술이나 재주
*術 재주 술 *藝 재주 예

基 터 기
- 부 土 획 11 준4급
- 其(그 기)와 土(흙 토)가 합쳐진 글자이다. 그(其) 땅(土)은 어떤 건물을 지을 '터'라는 뜻이다.

基盤(기반) : 기초가 되는 바탕, 또는 사물의 토대
基礎(기초) : 사물의 기본이 되는 토대
*盤 소반 반 *礎 주춧돌 초

吉 길할, 좋을 길
- 부 口 획 6 준4급
- 士(선비 사)와 口(입 구)가 합쳐진 글자이다. 점잖은 선비(士)의 입(口)에서 나오는 말들은 모두 옳고 좋은 것이다. 따라서 '좋다', '길하다'는 뜻이다.

吉相(길상) : 복을 많이 받을 관상
吉兆(길조) : 좋은 일이 있을 조짐
*相 서로 상 *兆 조짐 조

乃 이에 내
- 부 丿 획 2
- 굴곡이 져서 기(氣)가 통하지 못해 숨을 쉬지 못하다가 겨우 이렇게(丿) 숨을 내쉬는 모습이다. 이처럼 기가 뻥 뚫리면 '이러하여(이에), 그래서'라며 말이 술술 나오게 될 것이다.

人乃天(인내천) : 사람이 곧 한울이라는 천도교의 기본 사상
乃至(내지) : 1. '얼마에서 얼마까지'의 뜻을 나타내는 말
2. 또는
*人 사람 인 *天 하늘 천 *至 이를 지

念 생각 념
- 부 心 획 8 준4급
- 今(이제 금)과 心(마음 심)이 합쳐진 글자이다. 지금(今) 마음(心)속으로 '생각'하고 있다는 뜻이다.

想念(상념) : 마음속에 품고 있는 여러 가지 생각
念願(염원) : 마음에 간절히 생각하고 기원함, 또는 그런 것
*想 생각할 상 *願 원할 원

怒 성낼 노
- 부 心 획 9
- 奴(종 노)와 心(마음 심)이 합쳐진 글자이다. 옛날에 종(奴)들은 주인에게 학대받고 천시되기 일쑤였다. 종과 같은 취급을 당하면 마음(心)에서부터 화가 난다, 즉 '성낸다'는 뜻이다.

怒氣(노기) : 성난 얼굴빛, 또는 그런 기색이나 기세
憤怒(분노) : 분개하여 몹시 성을 냄, 또는 그렇게 내는 성
*氣 기운 기 *憤 분할 분

4급 선정한자 풀이 47

선정한자 풀이

能 능할 능
- 부 肉 획 10 준4급
- 곰의 모습을 본뜬 글자이다. 곰은 머리도 좋고 몸도 강하기 때문에 재주가 좋다, 즉 '능하다'는 뜻으로 쓰인다.

能力(능력) : 일을 감당해 낼 수 있는 힘
技能(기능) : 육체적, 정신적 작업을 정확하고 손쉽게 해주는 기술상의 재능
*力 힘 력 *技 재주 기

端 바를, 끝 단
- 부 立 획 14
- 立(설 립)과 耑(시초 단)이 합쳐진 글자이다. 국가이든 단체든 처음 세워질(立) 때 그 시작(耑)은 '올바르다'는 뜻이다.

端緖(단서) : 어떤 문제를 해결하는 방향으로 이끌어 가는 일의 첫 부분
端正(단정) : 옷차림새나 몸가짐 따위가 얌전하고 바름
末端(말단) : 맨 끄트머리
*緖 실마리 서 *正 바를 정 *末 끝 말

丹 붉을 단
- 부 丶 획 11
- 井(우물 정)과 丶(점 주)가 합쳐진 글자이다. 탄광의 우물(井) 안에서 캐낸 광석의 빛이 '붉다'는 뜻이다.

朱丹(주단) : 곱고 붉은 색
一片丹心(일편단심) : 한 조각의 붉은 마음이라는 뜻으로, 진심에서 우러나오는 변치 아니하는 마음을 이르는 말
*朱 붉을 주 *一 한 일 *片 조각 편 *心 마음 심

單 홑, 홀로 단
- 부 口 획 12
- 원래는 두 갈래로 갈라진 창(Y)과 2개의 탄환(吅)을 본뜬 글자이다. 2개의 탄환과 두 갈래 창을 하나로 묶으면 몇 개가 될까? 정답은 '하나'이다. '홑'이란 1개를 뜻한다.

單獨(단독) : 1. 단 한 사람
　　　　　　 2. 단 하나
單色(단색) : 한 가지 빛깔
單純(단순) : 복잡하지 않고 간단함
*獨 홀로 독 *色 빛 색 *純 순수할 순

達 통달할, 도달할 달
- 부 辵 획 13
- 辶(갈 착)과 羍(새끼양 달)의 변형자(大가 土로 변화했다)가 합쳐진 글자이다. 새끼양(羍)이 가는(辶) 곳은 어미가 있는 곳이다. 어미에게 도착한다는 의미로 '도달한다'는 뜻이 되었다.

達成(달성) : 목적한 것을 이룸
到達(도달) : 목적한 곳이나 수준에 다다름
*成 이룰 성 *到 이를 도

談 말씀 담
- 부 言 획 15 준4급
- 言(말씀 언)과 炎(불꽃 염)이 합쳐진 글자이다. 불길(炎)이 번지듯 계속 이어져 나오는 말(言), 즉 '이야기'를 의미한다. '말씀'이란 뜻도 있다.

談論(담론) : 談話(담화)와 議論(의론), 또는 그렇게 함
談笑(담소) : 웃으면서 이야기함
*論 논할 론 *笑 웃음 소

선정한자 풀이

待 기다릴 대
부 彳 획 9 준4급

彳(자축거릴 척)과 寺(절 사, 관청 시)가 합쳐진 글자이다. 관청(寺)에 일을 보러가서(彳) '기다린다'는 뜻이다.

待機(대기) : 때나 기회를 기다림
待遇(대우) : 1. 어떤 사회적 관계나 태도로 대하는 일
2. 직장에서의 지위나 급료 따위의 근로 조건
3. 예의를 갖추어 대하는 일
*機 틀 기 *遇 만날 우

德 덕, 큰 덕
부 彳 획 15 준4급

彳(자축거릴 척)에 悳(덕 덕)이 합쳐진 글자이다. 행동(彳)이 올바르며 인격과 덕(悳)이 높고 큼을 가리킨다. '크다' 또는 '덕'이란 뜻이다.

德國(덕국) : 독일을 이르는 말
德談(덕담) : 잘 되라고 비는 말
*國 나라 국 *談 말씀 담

都 도읍 도
부 邑 획 12 준4급

者(놈 자)와 阝(邑, 고을 읍)이 합쳐진 글자이다. 사람(者)이 많이 모여 사는 고을(阝)이 '도읍'이라는 뜻이다.

都市(도시) : 일정한 지역의 정치·경제·문화의 중심이 되는, 사람이 많이 사는 지역
都邑(도읍) : 그 나라의 수도
*市 저자 시 *邑 고을 읍

徒 무리 도
부 彳 획 10 준4급

彳(자축거릴 척)과 走(달릴 주)가 합쳐진 글자이다. 여러 사람들(彳)이 무리지어 달려(走)가는 모습에서 '무리'란 뜻이 되었다.

徒食(도식) : 하는 일 없이 거저먹기만 함
信徒(신도) : 어떤 일정한 종교를 믿는 사람
*食 밥 식 *信 믿을 신

島 섬 도
부 山 획 10 준4급

鳥(새 조)와 山(메 산)이 어우러진 글자이다. 바다 위를 나는 새(鳥)들이 잠시 앉아 쉬어 가는 곳으로서, 바다 가운데 솟은 산(山)은 바로 '섬'이다.

島民(도민) : 섬에서 사는 사람, 섬의 住民(주민)
島流(도류) : 罪人(죄인)을 섬으로 귀양 보냄
*民 백성 민 *流 흐를 류

到 이를 도
부 刀 획 8 준4급

至(이를 지)와 刂(刀, 칼 도)가 합쳐진 글자이다. 칼(刂)을 가진 무사가 무사히 목적지에 이르렀다(至)는 데서 '이르다', '도착하다'는 뜻이다.

到達(도달) : 목적한 곳이나 수준에 다다름
到着(도착) : 목적한 곳에 다다름
*達 통달할 달 *着 붙을 착

선정한자 풀이

獨 홀로 독
- 부 犬 획 16
- 犭(犬, 큰개 견)과 蜀(큰닭 촉)이 합쳐진 글자이다. 개(犭)와 닭(蜀)은 앙숙지간이다. 서로 잘 싸우므로 주인들은 이 둘을 따로 떼어 놓았다. 따라서 각자 '홀로' 있다는 뜻이다.

獨立(독립) : 다른 것에 예속되거나 의존하지 아니함
獨唱(독창) : 혼자서 노래를 부름
*立 설 립 *唱 노래 창

動 움직일 동 준4급
- 부 力 획 11
- 重(무거울 중)과 力(힘 력)이 합쳐진 글자이다. 아무리 무거운(重) 물건이라도 있는 힘(力)을 다하면 결국엔 '움직인다'는 뜻이다.

動感(동감) : 움직이는 듯함, 또는 움직이는 듯한 느낌
動機(동기) : 일을 발동시키는 계기
*感 느낄 감 *機 틀 기

斗 말 두
- 부 斗 획 4
- 곡식을 담아서 헤아리는 그릇인 '말'의 모양을 본뜬 글자이다.

北斗七星(북두칠성) : 큰곰자리에서 국자 모양을 이루며 가장 뚜렷하게 보이는 일곱 개의 별
泰山北斗(태산북두) : 1. 泰山(태산)과 북두칠성을 아울러 이르는 말
2. 세상 사람들로부터 존경받는 사람을 비유적으로 이르는 말
*北 북녘 북 *七 일곱 칠 *星 별 성 *泰 클 태 *山 메 산

得 얻을 득
- 부 彳 획 11
- 彳(자축거릴 척)과 旦(아침 단)과 寸(마디 촌)이 합쳐진 글자이다. 필요한 물건을 아침(旦)부터 구하러 다닌(彳) 끝에 손(寸)에 쥐었으니, 결국 원하는 것을 '얻었다'는 뜻이다.

得失(득실) : 1. 얻음과 잃음
2. 성공과 실패, 이익과 손해
所得(소득) : 일한 결과로 얻은 정신적, 물질적 이익
〈유의어〉利得(이득)
*失 잃을 실 *所 바 소

燈 등잔 등
- 부 火 획 16
- 火(불 화)와 登(오를 등)이 합쳐진 글자이다. 전구가 없었던 옛날에는 높은 데 등불을 걸어 방을 밝혔다. 이처럼 높은 곳에 올려놓은(登) 불(火)이 '등불' 이라는 뜻이다.

燈盞(등잔) : 기름을 담아 등불을 켜는 데에 쓰는 그릇
電燈(전등) : 전기의 힘으로 밝은 빛을 내는 등
*盞 잔 잔 *電 번개 전

落 떨어질 락 준4급
- 부 艸 획 13
- ⺾(艸, 풀 초)와 洛(물 락)이 합쳐진 글자이다. 물(洛)이 위에서 아래로 흘러내리듯 풀잎(⺾)이 '떨어진다'는 뜻이다.

落葉(낙엽) : 나뭇잎이 떨어짐, 또는 떨어진 나뭇잎
落花(낙화) : 꽃이 떨어짐, 또는 떨어진 꽃
*葉 잎 엽 *花 꽃 화

선정한자 풀이

冷 찰 랭
- 부 冫 획 7 준4급
- 冫(얼음 빙)과 슈(명령 령)이 합쳐진 글자이다. 엄숙한 명령(슈)은 얼음(冫)처럼 '차갑다'는 뜻이다.

冷靜(냉정) : 생각이나 행동이 감정에 좌우되지 않고 침착함
冷氣(냉기) : 찬 기운, 또는 공기
*靜 고요할 정 *氣 기운 기

兩 두 량
- 부 入 획 8 준4급
- 저울에 있는 2개의 추를 본떠 만든 글자이다.

作兩(작량) : 엽전 백 푼으로 한 꾸러미를 만듦
半兩(반량) : 옛날의 반 량짜리 돈
*作 지을 작 *半 반 반

良 어질 량
- 부 艮 획 7 준4급
- 원래는 곡식을 되는 됫박의 모양을 본뜬 글자이다. 됫박을 이용해 좋은 곡식을 가려내므로 '좋다', '어질다'는 뜻이 되었다.

溫良(온량) : 성품이 溫和(온화)하고 순함
不良(불량) : 1. 행실이나 성질 따위가 나쁨
           2. 품질이나 성적, 질이 좋지 못함
*溫 따뜻할 온 *不 아니 불

量 헤아릴 량
- 부 里 획 12 준4급
- 曰(가로 왈)과 一(한 일)과 里(마을 리)가 합쳐진 글자이다. 里는 거리 또는 거리를 재는 단위의 뜻도 있다. "一里, 2리, 3리..."처럼 말(曰)을 이용해 거리나 길이를 '헤아리는' 것이다.

考量(고량) : 생각하여 헤아림
測量(측량) : 기기를 써서 물건의 높이, 깊이, 넓이, 방향 따위를 잼
*考 상고할 고 *測 헤아릴 측

旅 나그네 려
- 부 方 획 10 준4급
- 㫃(깃발 언)과 从(종, 따를 종의 변형)이 어우러진 글자이다. 군대의 깃발(㫃)을 따르는(从) 많은 군사들을 의미하는데, 군대는 자주 이동하므로 훗날 '여행하다', '나그네' 라는 뜻이 되었다.

旅行(여행) : 일이나 유람을 목적으로 다른 고장이나 외국에 가는 일
旅館(여관) : 일정한 돈을 받고 손님을 묵게 하는 집
*行 갈 행 *館 집 관

歷 지낼 력
- 부 止 획 16 준4급
- 厤(세월 력)과 止(그칠, 발 지)가 합쳐진 글자이다. 사람은 저마다 긴 세월(厤)을 '지나오며' 세상에 발자취(止)를 남기게 된다. 따라서 '지나다'는 뜻이다.

經歷(경력) : 여러 가지 일을 겪어 지내 옴, 또는 겪어온 여러 가지 일
歷史(역사) : 인류사회·사물·사실 등이 변천해온 과정, 또는 그 기록
*經 지날 경 *史 역사 사

선정한자 풀이

連 이을 련
부 辶 획 11

車(수레 거)와 辶(갈 착)이 합쳐진 글자이다. 수레(車)가 잇달아 줄지어 가는(辶) 모습에서 '잇다'는 뜻이 되었다.

連結(연결) : 사물과 사물 또는 현상과 현상이 서로 이어지거나 관계를 맺음
連續(연속) : 끊이지 아니하고 죽 이어지거나 지속함
*結 맺을 결   *續 이을 속

練 익힐 련
부 糸 획 15

糸(실 사)와 柬(분별할 간)이 합쳐진 글자이다. 비단을 만들기 위해서는 우선 누에고치를 익혀서 불순물을 골라(柬)내고 비단실(糸)을 뽑아내야 한다. 따라서 '익히다'는 뜻이 되었다.

修練(수련) : 인격, 기술, 학문 따위를 닦아서 단련함
訓練(훈련) : 무술이나 운동 경기 따위에서 기본자세나 동작을 되풀이하여 익힘
*修 닦을 수   *訓 가르칠 훈

烈 매울, 뜨거울 렬
부 火 획 10

列(벌릴 렬)과 灬(火, 불 화)가 합쳐진 글자이다. 불꽃(灬)이 많이 퍼지면(列) 어떻게 될까? 여기저기 옮겨붙으며 불길이 맹렬하고 사납게 일어날 것이다. 따라서 '세차다', '맵다'는 뜻이다.

强烈(강렬) : 성질이 억세고 사나움
激烈(격렬) : 말이나 행동이 세차고 사나움
*强 강할 강   *激 격할 격

列 벌릴 렬
부 刀 획 6

歹(뼈앙상할 알)과 刂(칼 도)가 합쳐진 글자이다. 사냥한 고기를 잡은 후에는, 칼(刂)로 살점이 남아있지 않도록 뼈(歹)를 발라서 한데 벌려 놓았다. 따라서 '벌리다', '늘어서다'는 뜻이다.

列擧(열거) : 여러 가지 예나 사실을 낱낱이 죽 늘어놓음
序列(서열) : 일정한 기준에 따라 순서대로 늘어섬 또는 그 순서
一列(일렬) : 하나로 벌인 줄
*擧 들 거   *序 차례 서   *一 한 일

領 옷깃, 거느릴 령
부 頁 획 14   준4급

令(명령 령)과 頁(머리 혈)이 합쳐진 글자이다. 몸은 머리(頁)의 명령(令)을 받아서 움직인다. 따라서 그 머리는 몸의 우두머리이므로 '거느리다'는 뜻이 되었다.

頭領(두령) : 여러 사람을 거느리는 우두머리가 되는 사람
要領(요령) : 1. 사물의 要緊(요긴)하고 으뜸되는 줄거리
2. 적당히 꾀를 부려 하는 짓
*頭 머리 두   *要 요긴할 요

令 하여금, 명령할 령
부 人 획 5   준4급

人(모일 집)과 卩(병부 절)이 합쳐진 글자이다. 모이라고(人) 신호(卩)를 하니 이는 즉 '명령'하는 것이다.

律令(율령) : 法律(법률)을 통틀어 이르는 말
命令(명령) : 윗사람이나 상위 조직이 아랫사람에게나 하위 조직에 무엇을 하게 함
*律 법 률   *命 목숨 명

선정한자 풀이

例 법식 례
부 人　획 8　준4급

亻(사람 인)과 列(벌릴 렬)이 합쳐진 글자이다. 나란히 늘어서(列) 있는 사람들(亻) 중 한 사람만 보아도 나머지를 짐작할 수 있다. 따라서 '본보기' 또는 본보기가 되는 '법식'이란 뜻이다.

依例(의례) : 前例(전례)를 따름
次例(차례) : 1. 일을 순서 있게 벌여 나가는 關係(관계)
　　　　　　2. 여럿을 각각 先後(선후)로 구분하여 벌인 것
*依 의지할 의　*次 버금 차

勞 수고로울 로
부 力　획 12　준4급

熒(등불 형)의 생략자와 力(힘 력)이 합쳐진 글자이다. 밤 늦은 시간까지 등불(熒)을 비추며 힘써(力) 일하니 '수고한다'는 뜻이다.

功勞(공로) : 어떤 目的(목적)을 이루기 위해 힘쓴 努力(노력)이나 수고
不勞(불로) : (어떤 낱말 앞에 쓰여)일하지 아니함
*功 공 공　*不 아닐 불

論 논할, 말씀 론
부 言　획 15

言(말씀 언)과 侖(뭉칠 륜)이 합쳐진 글자이다. 책을 읽고 내용을 뭉쳐서(侖) 이를 조리 있게 말(言)하는 것이니 '논하다'는 뜻이다.

擧論(거론) : 어떤 사항을 논제로 삼아 제기하거나 논의함
論爭(논쟁) : 서로 다른 의견을 가진 사람들이 각각 자기의 주장을 말이나 글로 논하여 다툼
*擧 들 거　*爭 다툴 쟁

料 헤아릴 료
부 斗　획 10　준4급

米(쌀 미)와 斗(말 두)가 합쳐진 글자이다. 곡식의 분량을 재는 데 쓰는 그릇인 말(斗)을 이용해 쌀(米)의 양을 '헤아린다'는 뜻이다.

燃料(연료) : 불을 때기 위해 쓰는 재료(材料)
香料(향료) : 향을 만드는 材料
*燃 불탈 연　*香 향기 향

流 흐를 류
부 水　획 9　준4급

氵(물 수)와 㐬(깃발 류)가 합쳐진 글자이다. 깃발(㐬)이 아래로 늘어진 것처럼 물(氵)이 아래로 '흐른다'는 뜻이다.

暖流(난류) : 적도 부근에서 高緯度(고위도) 방향으로 흐르는 온도가 높은 해류
電流(전류) : 전하가 연속적으로 이동하는 현상
*暖 따뜻할 난　*電 번개 전

陸 뭍, 땅 륙
부 阜　획 11

阝(阜, 언덕 부)와 坴(언덕 륙)이 합쳐진 글자이다. 흙이 언덕처럼 높게 쌓여 있는 곳이 '뭍', 즉 육지의 '땅'이라는 뜻이다.

上陸(상륙) : 배에서 내려 陸地(육지)에 오름
海陸(해륙) : 바다와 뭍
*上 위 상　*海 바다 해

선정한자 풀이

倫 인륜, 윤리 륜
부 人 획 10
亻(사람 인)과 侖(뭉치 륜)이 합쳐진 글자이다. 사람(亻)이 한 곳에 뭉쳐(侖) 함께 살아가기 위해서 지켜야 할 질서인 '인륜'을 뜻한다.

人倫(인륜) : 사람이 지켜야 할 마땅한 도리
天倫(천륜) : 父子(부자), 兄弟(형제) 사이의 마땅히 지켜야 할 도리
*人 사람 인 *天 하늘 천

律 법 률
부 亻 획 9
彳(갈 착)과 聿(붓 율)이 합쳐진 글자이다. 사람이 행해야(彳) 하는 바를 붓(聿)으로 기록한 것이 바로 '법'이라는 뜻이다.

規律(규율) : 질서나 제도를 유지하기 위하여 정하여 놓은, 행동의 준칙이 되는 본보기
法律(법률) : 국회의 의결을 거쳐 대통령이 서명하고 공포함으로써 성립하는 국법
刑律(형률) : 범죄와 형벌에 관한 法律
*規 법 규 *法 법 법 *刑 형벌 형

滿 찰 만
부 水 획 14
氵(물 수)와 㒼(평평할 면)이 합쳐진 글자이다. 그릇 속의 물(氵)이 평평해진(㒼) 것이니 '가득차다'는 뜻이다.

滿了(만료) : 기한이 다 차서 끝남
滿發(만발) : 꽃이 활짝 다 핌
*了 마칠 료 *發 필 발

亡 망할 망 준4급
부 亠 획 3
人(사람 인)의 변형자인 亠과 隱(숨길 은)의 옛 글자(古字)인 乚이 합쳐진 글자이다. 은폐된(隱) 곳에 사람(人)이 숨어 자취가 '없어진' 것을 뜻한다. 없어졌다는 데서 '망하다'는 뜻이 나왔다.

存亡(존망) : 1. 삶과 죽음
2. 존재와 멸망
興亡(흥망) : 잘되어 일어남과 못되어 없어짐
*存 있을 존 *興 일 홍

望 바랄 망 준4급
부 月 획 11
亡(망할 망)과 月(달 월)과 壬(우뚝설 정)이 합쳐진 글자이다. 우두커니 서서(壬) 달(月)을 바라보며 멀리 떠나간(亡) 사람이 돌아오기를 '바란다'는 뜻이다.

朔望(삭망) : 음력 초하룻날과 보름날을 아울러 이르는 말
希望(희망) : 앞일에 대하여 어떤 기대를 가지고 바람
*朔 초하루 삭 *希 바랄 희

忘 잊을 망
부 心 획 7
亡(망할 망)과 心(마음 심)이 합쳐진 글자이다. 마음(心) 속에 간직했던 것을 잃었다는(亡) 것이니, 즉 '잊다'는 뜻이다.

忘却(망각) : 어떤 사실을 잊어버림
忘年會(망년회) : 연말에 한 해를 보내며 그 해의 온갖 괴로움을 잊자는 뜻으로 베푸는 모임
*却 물리칠 각 *年 해 년 *會 모일 회

선정한자 풀이

買 살 매
부 貝 획 12 준4급
罒(网, 그물 망)과 貝(조개, 돈 패)가 합쳐진 글자이다. 재물(貝)을 그물(罒)에 넣어오기 위해선 우선 그 재물을 사야 할 것이다. 따라서 물건을 '사다' 는 뜻이다.

購買(구매) : 물건을 삼
賣買(매매) : 물건을 팔고 사는 일
*購 살 구 *賣 팔 매

妹 아랫누이 매
부 女 획 8 준4급
女(계집 녀)와 未(아닐 미)가 합쳐진 글자이다. 아직(未) 철이 나지 않은 여자(女)아이, 즉 자기보다 나이 어린 '아랫누이' 를 뜻한다.

男妹(남매) : 오라비와 누이
姉妹(자매) : 1. 손윗누이와 손아랫누이
　　　　　　2. 여자 형제
*男 사내 남 *姉 맏누이 자

賣 팔 매
부 貝 획 15 준4급
원래는 出(날 출)과 買(살 매)가 합쳐진 글자였는데 나중에 모양이 지금과 같이 변했다. 샀던(買) 재물을 다시 내보내는(出) 것이니 '팔다' 는 뜻이다.

强賣(강매) : 남에게 물건을 강제로 떠맡겨 팖
販賣(판매) : 상품 따위를 팖
*强 강할 강 *販 팔 판

妙 묘할 묘
부 女 획 7
女(계집 녀)와 少(젊을, 적을 소)가 합쳐진 글자이다. 젊은(少) 여자(女)는 예쁘고 '묘하다' 는 뜻이다.

妙味(묘미) : 미묘한 재미나 흥취
妙案(묘안) : 뛰어나게 좋은 생각
巧妙(교묘) : 솜씨나 재주 따위가 재치 있게 약삭빠르고 묘함
*味 맛 미 *案 책상 안 *巧 공교할 교

卯 토끼 묘
부 卩 획 5
본래는 戶(지게문 호)자 2개를 서로 등지게 써서 양쪽을 열어 놓은 것을 상형한 글자였다. 따라서 봄의 문이 열리는 '2월' 을 뜻하고, 십이지지 중 네 번째 동물인 '토끼' 를 뜻하게 되었다.

卯時(묘시) : 오전 다섯 시에서 일곱 시까지, 또는 오전 다섯 시 반에서 여섯 시 반까지를 이르는 말
*時 때 시

武 굳셀, 무력 무
부 止 획 8 준4급
戈(창 과)의 변형자와 止(그칠 지)가 합쳐진 글자이다. 상대가 힘이 강하면 싸우다가 창(戈)을 버릴 정도로 의욕이 없어질 것이다. 싸울 마음을 그치게(止) 할 정도로 '굳세다' 는 뜻이다.

武器(무기) : 전쟁에 사용되는 기구를 통틀어 이르는 말
武將(무장) : 武官(무관)인 장수
*器 그릇 기 *將 장차 장

4급 선정한자 풀이　55

선정한자 풀이

務 힘쓸 **무**
부 力 획 11
孜(힘쓸 무)와 力(힘 력)이 합쳐진 글자이다. 창(矛, 창 모)을 채찍처럼 손에 들고(攵) 군사 일에 '힘쓴다'(力)는 뜻이다.

勤務(근무) : 어떠한 職務(직무)에 종사하는 것
義務(의무) : 일정한 사람에게 부과되어 반드시 실행해야 하는 일
責務(책무) : 직책과 임무
*勤 부지런할 근 *義 옳을 의 *責 꾸짖을 책

尾 꼬리 **미**
부 尸 획 7
尸(몸 시)와 毛(털 모)가 합쳐진 글자이다. 몸(尸) 중에서도 엉덩이 부분에 난 털(毛)이니 '꼬리'를 의미한다.

尾行(미행) : 다른 사람의 행동을 감시하거나 증거를 잡기 위하여 그 사람 몰래 뒤를 밟음
末尾(말미) : 어떤 사물의 맨 끄트머리
*行 갈 행 *末 끝 말

味 맛 **미**
부 口 획 8 준4급
口(입 구)와 未(아닐 미)가 합쳐진 글자이다. 입(口)으로 아직(未) 익지 않은 열매를 '맛' 본다는 뜻이다.

加味(가미) : 1. 음식에 다른 식료품이나 양념을 넣어 맛이 나게 함
2. 본래의 것에 다른 요소를 추가함
興味(흥미) : 1. 흥을 느끼는 재미
2. 어떤 일이나 사물에 대해 특별히 관심을 보이는 감정
*加 더할 가 *興 일 흥

未 아닐 **미**
부 木 획 5 준4급
나무에 새 가지가 돋아나는 모양을 형상한 글자이다. 나무가 끝까지 자라지 '아니' 했다는 뜻으로, '아직' 이라는 의미를 가지고 있다.

未來(미래) : 앞으로 올 때
未熟(미숙) : 1. 열매나 음식이 다 익지 않음
2. 어떠한 일에 아직 익숙하지 않음
*來 올 래 *熟 익을 숙

密 빽빽할, 몰래 **밀**
부 宀 획 11
宓(빽빽할 밀)과 山(메 산)이 합쳐진 글자이다. 나무가 빽빽(宓)한 산(山)에 올라가는 것은 왜일까? 남들 '몰래' 숨기 위해서일 것이다.

密談(밀담) : 남몰래 이야기함, 또는 그렇게 하는 이야기
密度(밀도) : 1. 빽빽이 들어선 정도
2. 내용이나 충실함의 정도
3. 물질의 질량
*談 말씀 담 *度 법도 도

飯 밥 **반**
부 食 획 13
食(밥, 먹을 식)과 反(되돌릴 반)이 합쳐진 글자이다. 하루 두세 번씩 반복해서(反) 먹는(食) 것이 '밥'이라는 뜻이다.

飯饌(반찬) : 밥에 곁들여 먹는 음식을 통틀어 이르는 말
白飯(백반) : 음식점에서 흰밥에 국과 몇 가지 반찬을 끼워 파는 한 상의 음식
*饌 반찬 찬 *白 흰 백

선정한자 풀이

防 막을 방
- 부 阜 획 7
- 阝(언덕 부)와 方(방향 방)이 합쳐진 글자이다. 적이 공격해 들어올 방향(方)에 언덕(阝)을 쌓아서 침입을 '막는다'는 뜻이다.

防水(방수) : 스며들거나 새거나 넘쳐흐르는 물을 막음
防止(방지) : 어떤 일이나 현상이 일어나지 못하게 막음
豫防(예방) : 질병이나 재해 따위가 일어나기 전에 미리 대처하여 막는 일
*水 물 수 *止 그칠 지 *豫 미리 예

房 방 방
- 부 戶 획 8
- 戶(집 호)와 方(방향 방)이 합쳐진 글자이다. 옛날 한옥에서 바깥문(戶)으로 들어가는 방향(方)에 있었던 작은 '방'을 뜻한다.

房門(방문) : 어떤 사람이나 장소를 찾아가서 만나거나 봄
廚房(주방) : 음식을 만들거나 차리는 방
*門 문 문 *廚 부엌 주

訪 찾을 방
- 부 言 획 11
- 言(말씀 언)과 方(방향 방)이 합쳐진 글자이다. 올바른 방향과 방법을 묻기 위해 스승을 '찾아' 간다는 뜻이다.

訪問(방문) : 어떤 사람이나 장소를 찾아가서 만나거나 봄
巡訪(순방) : 나라나 도시 따위를 차례로 돌아가며 방문함
*問 물을 문 *巡 돌 순

拜 절 배
- 부 手 획 9
- 手(손 수)와 下(아래 하)의 옛 글자인 丅가 합쳐진 글자이다. 두 손(手)을 모으고 몸을 아래(下)로 구부리며 '절'을 한다는 뜻이다.

拜上(배상) : 절하며 올린다는 뜻으로, 예스러운 편지 글에서 사연을 다 쓴 뒤에 자기 이름 다음에 쓰는 말
歲拜(세배) : 섣달 그믐이나 정초에 웃어른께 인사로 하는 절
*上 위 상 *歲 해 세

伐 칠 벌
- 부 人 획 6
- 亻(사람 인)과 戈(창 과)가 합쳐진 글자이다. 사람(亻)이 창(戈)을 가지고 적을 '친다'는 뜻이다.

伐木(벌목) : 갓이나 숲의 나무를 벰
伐草(벌초) : 무덤의 풀을 베어서 깨끗이 함
*木 나무 목 *草 풀 초

法 법 법 (준4급)
- 부 水 획 8
- 氵(물 수)와 去(갈 거)가 합쳐진 글자이다. 물(氵)이 흘러 갈(去) 때는 위에서 아래로 흐른다는 변하지 않는 '법'이 있다는 뜻이다.

法官(법관) : 법원에 소속되어 소송 사건을 심리하고, 분쟁이나 이해의 대립을 법률적으로 해결하고 조정하는 권한을 가진 사람
法治(법치) : 법률에 의하여 나라를 다스림, 또는 그런 정치
*官 벼슬 관 *治 다스릴 치

선정한자 풀이

變 변할 변
부 言 획 23
言(말씀 언)과 糸(실 사) 2개와 攵(칠 복)이 합쳐진 글자이다. 끊어지기 쉬운 실(糸)처럼 약한 아이는 때려서는(攵) 안 된다. 때문에 말(言)로 가르쳐서(攵) '변하게' 해야 한다는 뜻이다.

變化(변화) : 사물의 성질, 모양, 상태 따위가 바뀌어 달라짐
變更(변경) : 다르게 바꾸어 새롭게 고침
*化 될 화 *更 고칠 경

兵 군사 병
부 八 획 7 준4급
斤(도끼 근)과 廾(두손으로 받들 공)이 합쳐진 글자이다. 도끼날(斤)을 두 손으로 들고 있는(廾) '군사'를 뜻한다.

兵士(병사) : 계급이 없는 군인
二等兵(이등병) : 사병 계급의 하나
*士 선비 사 *二 두 이 *等 무리 등

丙 남녘, 밝을 병
부 一 획 5
冂(빌 경)과 火(불 화)의 변형자가 합쳐진 글자이다. 조상에게 후손의 안위를 비는(冂) 제사상 위에 켜 놓은 불(火)이 '밝다'는 의미이다. 후에 '남녘'이라는 뜻도 되었다.

丙子胡亂(병자호란) : 조선 인조 14년(1636년)에 청나라가 침입한 난리
*子 아들 자 *胡 오랑캐 호 *亂 어지러울 란

報 갚을, 알릴 보
부 土 획 12 준4급
幸(다행 행)과 卩(병부 절)과 又(손 우)가 합쳐진 글자이다. 다행(幸)한 소식, 즉 좋은 소식을 문서(卩)나 손(又)으로 '알린다'는 뜻이다.

速報(속보) : 빨리 알림, 또는 그런 보도
日報(일보) : 1. 매일 매일 하는 보고나 보도
2. 일간 新聞(신문)
*速 빠를 속 *日 날 일

保 지킬, 보호할 보
부 人 획 9
亻(사람 인)과 呆(어리석을 태)가 합쳐진 글자로, 어리석은 사람을 돌봐 준다는 데서 '보호하다'는 뜻이다.

保存(보존) : 잘 보호하고 간수하여 남김
保護(보호) : 위험이나 곤란 따위가 미치지 아니하도록 잘 보살펴 돌봄
*存 있을 존 *護 보호할 호

福 복 복
부 示 획 14 준4급
示(보일 시, 神이라는 의미가 있다)와 畐(찰 복)이 합쳐진 글자이다. 곡식이 가득 차게(畐) 풍요로운 것은 신(示)이 '복'을 내렸기 때문이다.

福祉(복지) : 행복한 삶
幸福(행복) : 1. 복된 좋은 운수
2. 생활에서 삶과 만족을 느끼는 상태
*祉 복 지 *幸 다행 행

선정한자 풀이

奉 받들 봉
부 大 획 8 준4급
丰(무성할 봉)과 廾(두손으로 받들 공)과 手(손 수)가 어우러진 글자이다. 무성하게(丰) 많은 사람들이 손(手)에 든 물건을 양손(廾)에 받쳐 윗사람에게 올리는 것이니 '받들다'는 뜻이다.

侍奉(시봉) : 父母(부모)를 모시어 받듦
信奉(신봉) : 믿고 받듦
*侍 모실 시 *信 믿을 신

復 다시 부, 돌아올 복
부 彳 획 12
彳(조금 걸을 척)과 畐(돌아갈 복)이 합쳐진 글자이다. 갔던(彳) 길을 다시 돌아온다(畐)는 의미에서 '다시 부' 또는 '돌아올 복'으로 읽힌다.

復活(부활) : 죽었다가 다시 살아남
復古(복고) : 과거의 모양, 정치, 사상, 제도, 풍습 따위로 돌아감
復習(복습) : 배운 것을 다시 익혀 공부함
*活 살 활 *古 옛 고 *習 익힐 습

富 부자 부
부 宀 획 12 준4급
宀(집 면)과 畐(찰 복)이 합쳐진 글자이다. 집(宀) 안에 물건이 가득 차(畐) 있는 집은 '부자'라는 뜻이다.

富貴榮華(부귀영화) : 재산이 많고 지위가 높으며 귀하게 되어서 세상에 드러나 온갖 영광을 누림
富裕(부유) : 재물이 넉넉함
*貴 귀할 귀 *榮 영화 영 *華 빛날 화 *裕 넉넉할 유

否 아닐 부
부 口 획 7
不(아닐 부)와 口(입 구)가 합쳐진 글자이다. 입(口)으로 '아니'(不)라고 말한다는 뜻이다.

否認(부인) : 어떤 내용이나 사실을 옳거나 그러하다고 인정하지 아니함
否定(부정) : 그렇지 아니하다고 단정하거나 옳지 아니하다고 반대함
*認 알 인 *定 정할 정

婦 지어미, 며느리, 부인 부
부 女 획 11
女(계집 녀)와 帚(비 추)가 합쳐진 글자이다. 빗자루(帚)를 가지고 청소하고 일하는 여자(女)는 '며느리' 혹은 '부인'이라는 뜻에서 나온 말이다.

夫婦(부부) : 남편과 아내를 아울러 이르는 말
婦人(부인) : 아내를 높여 이르는 말
*夫 지아비 부 *人 사람 인

佛 부처 불
부 人 획 7
亻(사람 인)과 弗(아닐 불)이 합쳐진 글자이다. 인간(亻)의 범위를 넘어선 최고의 인격자를 의미하는데, 이런 사람은 일반 사람이 아닌(弗) '부처님'이라는 뜻이다.

佛家(불가) : 불교를 믿는 사람, 또는 그들의 사회
佛心(불심) : 1. 자비로운 부처의 마음
2. 깊이 깨달아 속세의 번뇌에 빠져 흐려지지 않는 마음
*家 집 가 *心 마음 심

선정한자 풀이

備
- 부 人 획 12 준4급
- 갖출 비

亻(사람 인)과 甫(갖출 비*화살을 넣어 두는 통의 모양)가 합쳐진 글자이다. 활을 쏘는 사람(亻)인 궁사(弓師)는 항상 통(甫)에 화살을 갖추고 있었다. 따라서 '갖추다'는 뜻이다.

軍備(군비) : 1. 모든 군사 시설이나 장비
            2. 전쟁 준비
防備(방비) : 밖에서 쳐들어오거나 피해 주는 것을 막기 위하여 미리 지키고 대비함

*軍 군사 군 *防 막을 방

比
- 부 比 획 4 준4급
- 견줄, 비교 비

匕(비수 비) 2개가 합쳐진 글자이다. 비수(날카로운 칼)를 2개 놓고 어느 것이 더 좋은가 '견주어' '비교해' 보는 것을 뜻한다.

比較(비교) : 둘 이상의 사물을 견주어 서로 간의 유사점, 차이점, 일반 법칙 따위를 고찰하는 일
對比(대비) : 2가지의 차이를 밝히기 위하여 맞대어 비교함

*較 견줄 교 *對 대답할 대

悲
- 부 心 획 12
- 슬플 비

非(아닐 비)와 心(마음 심)이 합쳐진 글자이다. 마음(心)이 좋지 않은(非) 것이니 '슬프다'는 뜻이다.

悲觀(비관) : 인생을 어둡게만 보아 슬퍼하거나 절망스럽게 여김
悲哀(비애) : 슬퍼하고 서러워함
慈悲(자비) : 남을 깊이 사랑하고 가엾게 여김, 또는 그렇게 여겨서 베푸는 혜택

*觀 볼 관 *哀 슬플 애 *慈 사랑할 자

非
- 부 非 획 8
- 아닐 비

새의 양 날개를 상형한 글자다. 왼쪽과 오른쪽이 서로 등져 있는 모양이다. 이렇게 엇갈려 있으므로 '어긋나다', '아니다'는 뜻이다.

非凡(비범) : 보통 수준보다 훨씬 뛰어남
非理(비리) : 올바른 이치나 도리에서 어그러짐

*凡 무릇 범 *理 다스릴 리

鼻
- 부 鼻 획 14
- 코 비

自(스스로 자)와 畀(줄 비)가 합쳐진 글자이다. 공기를 흡입해 자신의(自) 몸속에 보내주는(畀) 곳이 '코'라는 뜻이다(원래는 自만으로도 코를 뜻하였지만 나중에 변하였다).

鼻音(비음) : 코가 막힌 듯이 내는 소리
耳目口鼻(이목구비) : 귀, 눈, 코, 입을 아울러 이르는 말 또는 이를 아우른 얼굴의 생김새

*音 소리 음 *耳 귀 이 *目 눈 목 *口 입 구

貧
- 부 貝 획 11 준4급
- 가난할 빈

分(나눌 분)과 貝(조개, 돈 패)가 합쳐진 글자이다. 재물(貝)을 많은 사람들과 나누면(分) 결국 내가 가진 것이 적어질 것이다. 따라서 '가난하다'는 뜻이다.

貧困(빈곤) : 가난하여 살기가 어려움
貧富(빈부) : 가난함과 부유함

*困 괴로울 곤 *富 부자 부

선정한자 풀이

氷 얼음 **빙**
부 水 획 5 준4급
원래는 冰으로 쓴다. 冫(얼음 빙)과 水(물 수)가 합쳐진 글자이다. 물(水)이 얼어서(冫) '얼음'이 되었다는 뜻이다.

氷板(빙판) : 얼음이 깔린 길바닥
氷河(빙하) : 육상에 퇴적한 거대한 얼음 덩어리가 중력에 의하여 강처럼 흐르는 것
*板 널빤지 판 *河 강 하

巳 뱀, 지지 **사**
부 己 획 3
뱀이 몸을 도사리고 있는 모양을 본뜬 글자이다.

巳時(사시) : 오전 아홉 시부터 열한 시까지, 또는 오전 아홉 시 반부터 열 시 반까지를 이르는 말
*時 때 시

仕 벼슬할 **사**
부 人 획 5 준4급
亻(사람 인)과 士(선비 사)가 합쳐진 글자이다. 학문을 익힌 사람(亻), 즉 선비(士)여야 '벼슬'을 할 수 있었다는 뜻이다.

給仕(급사) : 잔심부름을 시키기 위하여 부리는 사람
奉仕(봉사) : 국가나 사회 또는 남을 위하여 자신을 돌보지 아니하고 힘을 바쳐 애씀
*給 줄 급 *奉 받들 봉

謝 사례할 **사**
부 言 획 17
言(말씀 언)과 射(쏠 사)가 합쳐진 글자이다. 화살을 쏘듯(射) 상대에게 말씀(言)을 전한다는 뜻에서 인사말 또는 '감사한다', '사례한다'는 의미로 쓰인다.

謝禮(사례) : 언행이나 선물 따위로 고마운 뜻을 나타냄
謝罪(사죄) : 지은 죄나 잘못에 대하여 용서를 빎
感謝(감사) : 고마움을 나타내는 인사, 또는 고마워하는 마음
*禮 예도 례 *罪 허물 죄 *感 느낄 감

私 사사로울 **사**
부 禾 획 7
禾(벼 화)와 厶(사사 사)가 합쳐진 글자이다. 자기가 사적으로(私) 소유한 벼(禾)라는 의미에서 '사사', '개인'의 뜻으로 쓰인다.

私費(사비) : 개인이 부담하고 지출하는 비용
私慾(사욕) : 자기 한 개인의 이익만을 꾀하는 욕심
*費 쓸 비 *慾 욕심 욕

思 생각 **사**
부 心 획 9 준4급
田(밭 전)과 心(마음 심)이 합쳐진 글자이다. 농부는 마음(心)으로 항상 밭(田)을 '생각'한다는 뜻이다.

思考(사고) : 생각하고 궁리함
思想(사상) : 어떠한 사물에 대하여 가지고 있는 구체적인 사고나 생각
*考 상고할 고 *想 생각할 상

4급 선정한자 풀이

선정한자 풀이

師 스승 사
- 부 巾 획 10 준4급
- 自(쌓일 퇴)와 帀(두를 잡)이 합쳐진 글자이다. 쌓여있는(自) 언덕 위, 즉 높은 곳에 서서 장군을 둘러싸고(帀) 있는 군사들을 지도하는 사람을 의미한다. 따라서 '스승' 이라는 뜻이다.

師父(사부) : '스승'을 높여 이르는 말
師弟(사제) : 스승과 제자를 아울러 이르는 말
*父 아버지 부 *弟 아우 제

絲 실 사
- 부 糸 획 12 동 糸
- 糸(실 사)자 2개가 나란히 놓인 글자이다. 실(糸)을 감아 놓은 실타래의 모양을 본떠 만들었다.

綿絲(면사) : 솜에서 자아낸 무명실
合絲(합사) : 두 가닥 이상의 실을 합침, 또는 그렇게 합친 실
*綿 솜 면 *合 합할 합

史 역사 사
- 부 口 획 5 준4급
- 中(가운데 중)과 又(손 우)가 합쳐진 글자이다. 손(又) 한가운데(中) 붓을 들고 사실을 기록하는 것이니 '역사가' 또는 '역사'를 뜻한다.

史劇(사극) : 역사극
國史(국사) : 나라의 역사
*劇 심할 극 *國 나라 국

寺 절 사
- 부 寸 획 6
- 之(갈 지)와 寸(법도 촌)이 합쳐진 글자였는데 후에 바뀌었다. 원래는 규칙(寸)을 가지고 일하는(之) 관청을 나타냈다. 옛날에는 관청에서 불법을 공부했기 때문에 '절'이라는 뜻이 되었다.

寺刹(사찰) : 중이 불상을 모시고 佛道(불도)를 닦으며 교법을 펴는 집, 절
寺院(사원) : 종교의 교당을 통틀어 이르는 말, 절
*刹 절 찰 *院 집 원

舍 집 사
- 부 舌 획 8
- 상형문자로 지붕(人), 기둥(干), 벽(口)의 모양을 나타낸 글자이다.

舍宅(사택) : 기업체나 기관에서 일하는 직원을 위하여 그 기업체나 기관에서 지은 살림집
官舍(관사) : 관청에서 관리에게 빌려 주어 살도록 지은 집
*宅 집 택 *官 벼슬 관

使 하여금, 부릴 사
- 부 人 획 8 준4급
- 亻(사람 인)과 吏(아전 리)가 합쳐진 글자이다. 윗사람(亻)이 아전(吏)으로 '하여금' 일을 시킨다는 뜻이다. 나아가 '부리다'는 뜻이 되었다.

使臣(사신) : 임금이나 국가의 명령을 받고 외국에 사절로 가는 신하
使用(사용) : 일정한 목적이나 기능에 맞게 씀
*臣 신하 신 *用 쓸 용

선정한자 풀이

産 낳을 산
- 부 生 획 11 준4급
- 彦(선비 언)에서 한 획을 줄인 변형자와 生(날 생)이 합쳐진 글자이다. 훗날 선비(彦)가 될 훌륭한 아이를 낳는다(生)는 의미이다. 따라서 '낳다' 는 뜻이 되었다.

産業(산업) : 재화나 서비스를 창출하는 생산적 기업이나 조직
産地(산지) : 생산되어 나오는 곳
*業 일 업 *地 땅 지

算 셈 산
- 부 竹 획 14 준4급
- 竹(대 죽)과 具(갖출 구)가 합쳐진 글자이다. 옛날에는 대나무로 만든 막대기인 산가지를 늘어놓고 계산을 했다. 따라서 '셈' 을 하려면 대나무(竹)로 만든 산가지를 갖춰야(具) 한다는 뜻이다.

算數(산수) : 1. 수의 성질, 셈의 기초, 초보적인 기하 따위를 가르치는 학과목
2. 계산하는 방법
算出(산출) : 물건을 생산하여 내거나 인물・사상 따위를 냄
*數 셀 수 *出 날 출

散 흩어질 산
- 부 攵 획 12
- 耳(스물 입)과 月(고기 육)과 攵(칠 복)이 합쳐진 글자이다. 많은(耳) 고기(月)를 치면(攵) 갈라지면서 '흩어진다' 는 뜻이다.

散漫(산만) : 어수선하여 질서나 통일성이 없음
散文(산문) : 소설, 수필처럼 율격과 같은 외형적 규범에 얽매이지 않고 자유로운 문장으로 쓴 글
*漫 질펀할 만 *文 글월 문

賞 상줄 상
- 부 貝 획 15 준4급
- 尙(높을 상)과 貝(조개 패)가 합쳐진 글자이다. 공로를 높이 사서(尙) 재물(貝)을 주는 것이니, 즉 '상' 을 의미한다.

賞金(상금) : 선행이나 업적에 대하여 격려하기 위하여 주는 돈
賞狀(상장) : 상을 주는 뜻을 표하여 주는 증서
*金 쇠 금 *狀 형상 장

想 생각 상
- 부 心 획 13
- 相(서로 상)과 心(마음 심)이 합쳐진 글자이다. 서로(相)를 마음(心) 속 깊이부터 '생각' 한다는 뜻이다.

想像(상상) : 실제로 경험하지 않은 현상이나 사물에 대하여 마음속으로 그려 봄
感想(감상) : 마음속에서 일어나는 느낌이나 생각
*像 형상 상 *感 느낄 감

相 서로 상
- 부 目 획 9 준4급
- 木(나무 목)과 目(눈 목)이 합쳐진 글자이다. 눈(目)으로 나무(木)를 보는 모양인데, 초목과 인간은 서로 돕는다는 데서 '서로' 라는 뜻이 되었다.

相異(상이) : 서로 다름
相互(상호) : 이쪽과 저쪽 모두, 서로서로
*異 다를 이 *互 서로 호

선정한자 풀이

商 장사 상
- 부 口 획 11 준4급
- 章(밝을 장)에서 획을 줄인 변형자와 岡(밝을 경)이 합쳐진 글자이다. 물건의 가격을 밝히고(章, 岡) 결정하여 사고판다는 것이니 '장사'라는 뜻이다.

商店(상점) : 일정한 시설을 갖추고 물건을 파는 곳
協商(협상) : 어떤 목적에 부합되는 결정을 하기 위하여 여럿이 서로 의논함
*店 가게 점 *協 도울 협

常 항상, 떳떳할 상
- 부 巾 획 11 준4급
- 尙(높을 상)과 巾(수건 건)이 합쳐진 글자이다. 수건(巾)은 몸의 가장 높은(尙) 곳, 즉 머리 위에 언제나 두르는 것이라는 데서 '항상'이라는 뜻이다.

常習(상습) : 늘 하는 버릇
正常(정상) : 특별한 변동이나 탈이 없이 제대로인 상태
*習 익힐 습 *正 바를 정

序 차례 서
- 부 广 획 7 준4급
- 广(집 엄)과 予(미리 예)가 합쳐진 글자이다. 관청(广) 등에서는 할 일의 순서를 미리(予) 정해 놓는다는 데서 '순서', '차례'라는 뜻이다.

序列(서열) : 일정한 기준에 따라 순서대로 늘어섬, 또는 그 순서
順序(순서) : 무슨 일을 행하거나 무슨 일이 이루어지는 차례
秩序(질서) : 혼란 없이 순조롭게 이루어지게 하는 사물의 순서나 차례
*列 벌릴 렬 *順 순할 순 *秩 차례 질

選 가릴, 뽑을 선
- 부 辵 획 16 준4급
- 巽(유순할 손)과 辶(갈 착)이 합쳐진 글자이다. 제사를 지내기 위해 유순한(巽) 사람을 가려서 보낸다는(辶) 데서 '가리다'는 뜻이 되었다.

選擧(선거) : 일정한 조직이나 집단이 대표자나 임원을 뽑는 일
選拔(선발) : 많은 가운데서 골라 뽑음
*擧 들 거 *拔 뺄 발

鮮 고울 선
- 부 魚 획 17
- 魚(고기 어)와 羊(양 양)이 합쳐진 글자이다. 물고기(魚)는 신선함이 생명이고, 양(羊)은 성질이 온순하여 마치 고운 처녀 같은 것이 특징이다. 따라서 '신선하다' 또는 '곱다'는 뜻이다.

鮮明(선명) : 산뜻하고 뚜렷하여 다른 것과 혼동되지 않음
新鮮(신선) : 새롭고 산뜻함
*明 밝을 명 *新 새 신

船 배 선
- 부 舟 획 11 동 舟 준4급
- 舟(배 주)와 㕣(늪 연)이 합쳐진 글자이다. 늪(㕣)을 다닐 수 있는 '배'(舟)를 뜻한다.

船舶(선박) : 물 위를 떠다니도록 만든 물건, 배
船員(선원) : 배의 승무원
*舶 큰배 박 *員 인원 원

선정한자 풀이

仙 신선 선
- 부 人 획 5 준4급
- 亻(사람 인)과 山(메 산)이 합쳐진 글자이다. 산(山)에서 도를 닦아 득도하여 늙지 않고 고통도 없이 사는 사람(亻)이니 '신선'을 뜻한다.

仙女(선녀) : 仙境(선경)에 산다는 여자
神仙(신선) : 道(도)를 닦아서 현실의 인간 세계를 떠나 자연과 벗하며 산다는 상상의 사람
*女 여자 녀 *神 귀신 신

善 착할 선
- 부 口 획 12 준4급
- 羊(양 양)과 䇂(다투어 말할 경)이 합쳐진 글자이다. 양(羊)처럼 온순하고 어진 사람은 말할 것도 없이(䇂) '착하다'는 뜻이다.

善惡(선악) : 착한 것과 악한 것을 아울러 이르는 말
善行(선행) : 착하고 어진 행실
*惡 악할 악 *行 갈 행

雪 눈 설
- 부 雨 획 11 준4급
- 雨(비 우)와 彗(쓸, 빗자루 혜)의 획줄인 자가 합쳐진 글자이다. 비(雨)가 변하여 내린 것으로, 빗자루(彗)로 쓸어 내야 하는 것은 무엇일까? 즉 '눈'을 뜻한다.

雪景(설경) : 눈이 내리거나 눈이 쌓인 경치
雪原(설원) : 눈이 쌓인 벌판
*景 볕 경 *原 근원 원

說 말씀 설
- 부 言 획 14 준4급
- 言(말씀 언)과 兌(기쁠 태)가 합쳐진 글자이다. 자신의 뜻을 기쁘게(兌) 말한다(言)는 데서 '말씀', '기쁨'이라는 뜻이다.

說敎(설교) : 종교의 교리를 설명함, 또는 그런 설명
說明(설명) : 어떤 일이나 대상의 내용을 상대편이 잘 알 수 있도록 밝혀 말함
*敎 가르칠 교 *明 밝을 명

舌 혀 설
- 부 舌 획 6
- 입안에서 혀를 내민 모양을 본뜬 글자이다.

舌戰(설전) : 말다툼
毒舌(독설) : 남을 해치거나 비방하는 모질고 악독스러운 말
*戰 싸울 전 *毒 독 독

星 별 성
- 부 日 획 9 준4급
- 日(해 일)과 生(날 생)이 합쳐진 글자이다. 해(日)처럼 빛을 발하는(生) '별'을 뜻한다.

土星(토성) : 태양에서 여섯째로 가까운 행성
行星(행성) : 중심 별의 강한 인력의 영향으로 타원 궤도를 그리며 중심 별의 주위를 도는 천체
*土 흙 토 *行 갈 행

선정한자 풀이

聖 성스러울, 성인 성
- 부 耳 획 13
- 耳(귀 이)와 呈(드러낼 정)이 합쳐진 글자이다. 어떤 것이나 들으면(耳) 잘 이해하고 마음가짐이 참되어 덕이 드러나는(呈) 사람이 바로 '성인'이라는 뜻이다.

聖堂(성당) : 천주교의 종교의식이 행해지는 사원
神聖(신성) : 매우 거룩하고 성스러움
*堂 집 당 *神 귀신 신

盛 성할 성
- 부 皿 획 12
- 成(이룰 성)과 皿(그릇 명)이 합쳐진 글자이다. 성공(成)하여 잔치를 열 때 그릇(皿)에 음식을 높이 담으면 그 모습이 풍성할 것이다. 따라서 '성대하다', '왕성하다'는 뜻이다.

盛大(성대) : 행사의 규모 따위가 풍성하고 큼
隆盛(융성) : 기운차게 일어나거나 대단히 번성함
*大 큰 대 *隆 높을 륭

聲 소리 성
- 부 耳 획 17
- 殸(경쇠 경)과 耳(귀 이)가 합쳐진 글자이다. 경쇠(殸) 치는 소리가 귀(耳)에 들린다는 데서 '소리'라는 뜻이다.

聲樂(성악) : 사람의 음성으로 하는 음악
名聲(명성) : 세상에 널리 퍼져 평판 높은 이름
*樂 풍류 악 *名 이름 명

城 재, 성씨 성 준4급
- 부 土 획 10
- 土(흙 토)와 成(이룰 성)이 합쳐진 글자이다. 흙(土)을 모아서 적군을 막도록 만든(成) '성'을 뜻한다.

城門(성문) : 城郭(성곽)의 문
古城(고성) : 옛날에 지은 오래된 성
*門 문 문 *古 옛 고

誠 정성 성 준4급
- 부 言 획 14
- 言(말씀 언)과 成(이룰 성)이 합쳐진 글자이다. 말(言)로 뜻을 이루려면(成) '정성' 들여 말해야 한다는 뜻이다.

誠意(성의) : 정성스러운 뜻
精誠(정성) : 온갖 힘을 다하려는 참되고 성실한 마음
*意 뜻 의 *精 정기 정

細 가늘 세
- 부 糸 획 11
- 糸(실 사)와 囟(숫구멍 신)이 변한 글자인 田(밭 전)이 합쳐진 글자이다. 囟은 누에의 머리 모양을 나타낸 것인데, 누에가 토해낸 실(糸)이 '가늘다'는 뜻이다.

細密(세밀) : 자세하고 꼼꼼함
細心(세심) : 작은 일에도 꼼꼼하게 주의를 기울여 빈틈이 없음
*密 빽빽할 밀 *心 마음 심

선정한자 풀이

勢 권세, 세력 **세**
부 力 획 13
埶(심을 예)와 力(힘 력)이 합쳐진 글자이다. 공들여 심은(埶) 초목이 힘차게(力) 자라나는 '기세', '형세'를 뜻한다.

權勢(권세) : 권력과 세력을 아울러 이르는 말
權利(권리) : 권세와 이익
*權 권세 권 *利 이로울 리

稅 세금 **세**
부 禾 획 12
禾(벼 화)와 兌(기쁠 태)가 합쳐진 글자이다. 벼(禾)를 수확한 후 국가를 위해서 기쁜(兌) 마음으로 내는 '세금'을 뜻한다.

稅金(세금) : 국가 또는 지방 공공 단체가 필요한 경비로 사용하기 위하여 국민이나 주민으로부터 강제로 거두어들이는 금전
免稅(면세) : 세금을 면제함
*金 쇠 금 *免 면할 면

洗 씻을 **세**
부 水 획 9 준4급
氵(물 수)와 跣(맨발 선)의 획줄인 先(먼저 선)이 합쳐진 글자이다. 물(氵)로 맨발(跣)을 '씻는다'는 뜻이다.

洗手(세수) : 손이나 얼굴을 씻음
洗濯(세탁) : 빨래
*手 손 수 *濯 씻을 탁

歲 해 **세**
부 止 획 13 준4급
步(걸을 보)와 戌(지지 술)이 합쳐진 글자이다. 戌은 9월을 뜻하는데, 날이 가서(步) 곡식이 결실을 맺는 9월까지를 한 해로 본다는 데서 '해', '세월'이라는 뜻이 되었다.

歲拜(세배) : 섣달 그믐이나 정초에 웃어른께 인사로 하는 절
歲月(세월) : 흘러가는 시간
*拜 절 배 *月 달 월

笑 웃음 **소**
부 竹 획 10
竹(대 죽)과 夭(굽을 요)가 합쳐진 글자이다. 바람이 불어 대나무(竹)가 굽어지면(夭) 스치는 소리가 나듯 사람이 몸을 굽히며 '웃는다'는 뜻이다.

談笑(담소) : 웃고 즐기면서 이야기함
冷笑(냉소) : 쌀쌀한 태도로 비웃음
*談 말씀 담 *冷 찰 랭

續 이을 **속**
부 糸 획 21
糸(실 사)와 賣(팔 매)가 합쳐진 글자이다. 실(糸)처럼 이어진 연결망을 가지고 판매(賣)를 계속하는 것이니 '이어간다'는 뜻이다.

連續(연속) : 끊이지 아니하고 죽 이어지거나 지속함
接續(접속) : 서로 맞대어 이음
*連 이을 련 *接 이을 접

선정한자 풀이

俗 풍속 속
- 부 人 획 9
- 亻(사람 인)과 谷(골 곡)이 합쳐진 글자이다. 같은 골짜기(谷), 즉 한 마을에 사는 사람(亻)들에게서 내려오는 '풍속'을 뜻한다.

俗談(속담) : 예로부터 민간에 전하여 오는 쉬운 격언이나 잠언
俗語(속어) : 통속적으로 쓰는 저속한 말
風俗(풍속) : 옛날부터 그 사회에 전해 오는 생활 전반에 걸친 습관 따위를 이르는 말
*談 말씀 담 *語 말씀 어 *風 바람 풍

送 보낼 송
- 부 辶 획 10 준4급
- 笑(웃을 소)의 옛 글자인 㕂과 辶(갈 착)이 합쳐진 글자이다. 누군가를 웃으며(笑) 보내는(辶) 것이니 '전송하다', '보내다'라는 뜻이다.

送舊(송구) : 묵은해를 보냄
返送(반송) : 도로 돌려보냄
*舊 옛 구 *返 돌아올 반

松 소나무 송
- 부 木 획 8
- 木(나무 목)과 公(공변될 공)이 합쳐진 글자이다. 모든 산에 널리 퍼져있으며 모든 사람이 함께(公) 사용하는 나무(木)는 '소나무'라는 뜻이다.

松柏(송백) : 소나무와 잣나무를 아울러 이르는 말
老松(노송) : 늙은 소나무
*柏 잣나무 백 *老 늙을 로

收 거둘 수
- 부 攵 획 6
- 丩(얽을 구)와 攵(칠 복)이 합쳐진 글자이다. 죄인을 쳐서(攵) 줄로 얽어(丩) 잡는다는 뜻으로, 나중에 이삭에 얽힌 낟알을 쳐서 떨구어 그 열매를 '거둔다'는 뜻이 되었다.

收去(수거) : 거두어 감
收納(수납) : 돈이나 물품 따위를 받아 거두어들임
*去 갈 거 *納 드릴 납

修 닦을 수
- 부 人 획 10
- 攸(아득할 유)와 彡(터럭 삼)이 합쳐진 글자이다. 아득히(攸) 멀리 흐르는 물에 머리털(彡)을 감아 곱게 꾸미듯이 마음을 '닦는다'는 뜻이다.

修道(수도) : 도를 닦음
修練(수련) : 인격, 기술, 학문 따위를 닦아서 단련함
*道 길 도 *練 익힐 련

受 받을 수
- 부 又 획 8
- 爫(손톱 조)와 冖(덮을 멱)과 又(손 우)가 합쳐진 글자이다. 손톱(爫)으로 잡은 것을 손(又)으로 덮어서(冖) 건네니 반대편이 '받는다'는 뜻이다.

受容(수용) : 어떠한 것을 받아들임
受取(수취) : 거두어들여 가짐
*容 얼굴 용 *取 취할 취

선정한자 풀이

數 셈, 헤아릴 수
부 攵 획 15 준4급

婁(어리석을 루)와 攵(칠 복)이 합쳐진 글자이다. 어리석은(婁) 사람이 물건을 툭툭 치면서(攵) 물건의 수를 '센다'는 뜻이다.

數量(수량) : 수효와 분량을 아울러 이르는 말
等數(등수) : 등급에 따라 정한 차례
*量 헤아릴 량 *數 셀 수

授 줄 수
부 手 획 11 준4급

扌(손 수)와 受(받을 수)가 합쳐진 글자이다. 받은(受) 것을 손(扌)으로 다시 '준다'는 뜻이다.

授業(수업) : 교사가 학생에게 지식이나 기능을 가르쳐 주는 것, 또는 그 일
敎授(교수) : 1. 학문이나 技藝(기예)를 가르침
2. 대학에서 전문 학술을 가르치고 연구하는 사람
*業 일 업 *敎 가르칠 교

守 지킬 수
부 宀 획 6 준4급

宀(집 면)과 寸(법도 촌)이 합쳐진 글자이다. 가정(宀)을 지키기 위해서는 구성원들을 법도(寸)로써 다스려야 할 것이다. 따라서 '지키다'는 뜻이다.

守備(수비) : 외부의 침략이나 공격을 막아 지킴
保守(보수) : 보전하여 지킴
*備 갖출 비 *保 지킬 보

宿 잠잘 숙
부 宀 획 11 준4급

宀(집 면)과 佰(백사람 백)이 합쳐진 글자이다. 집의 가장 큰 기능 중 하나는 눈비를 피해 잠을 잘 수 있다는 것이다. 여러 사람(佰)이 잠을 자는 집(宀)이라는 의미가 있으며 '자다' 뜻이다.

宿泊(숙박) : 여관이나 호텔 따위에서 잠을 자고 머무름
宿所(숙소) : 집을 떠난 사람이 임시로 묵는 곳
*泊 배댈 박 *所 바 소

純 순수할 순
부 糸 획 10 준4급

糸(실 사)와 屯(진칠 둔)이 합쳐진 글자이다. 屯은 풀의 새싹이 땅을 뚫고 나오는 모양을 본뜬 글자이다. 따라서 풀(屯)을 이용해 물들이지 않은 실(糸)은 원래 색 그대로 '순수' 하다는 뜻이다.

純粹(순수) : 전혀 다른 것이 섞이지 아니함
純眞(순진) : 마음이 꾸밈이 없고 순박함
*粹 순수할 수 *眞 참 진

順 순할 순
부 頁 획 12 준4급

川(내 천)과 頁(머리 혈)이 합쳐진 글자이다. 강물(川)이 흐르듯이 머릿속(頁) 생각이 순리를 좇아 흐르는 것을 나타내었다. 막힘 없이 흐르는 것이니 '순하다', '차례' 라는 뜻이다.

順理(순리) : 순한 이치나 도리, 또는 도리나 이치에 순종함
順序(순서) : 무슨 일을 행하거나 무슨 일이 이루어지는 차례
*理 다스릴 리 *序 차례 서

선정한자 풀이

戌 개, 지지 술 — 부 戈 획 6
戊(무성할 무)와 一(한 일)이 합쳐진 글자이다. 무성한(戊) 초목이 더 자라지 않는 9월을 뜻하는 글자인데, 음력 9월은 개의 달에 해당하므로 '개'라는 뜻이다.

戌時(술시) : 오후 일곱 시부터 아홉 시까지, 또는 오후 일곱 시 반부터 여덟 시 반까지를 이르는 말
戌年(술년) : 개띠 해
＊時 때 시 　＊年 해 년

拾 주울 습, 열 십 — 부 手 획 9
扌(손 수)와 合(합할 합)이 합쳐진 글자이다. 손(扌)과 물건이 합쳐지는(合) 것이니, 손으로 물건을 '줍다'는 뜻이다. 十(열 십)과 같은 글자로도 쓰인다.

拾得(습득) : 학문이나 기술 따위를 배워서 자기 것으로 함
收拾(수습) : 학업이나 실무 따위를 배워 익힘
＊得 얻을 득 　＊收 거둘 수

承 이을 승 — 부 手 획 8
卩(병부 절)의 변형자와 手(손 수)와 廾(두손으로 받들 공)이 합쳐진 글자이다. 병부(卩, 왕의 명령)를 양손(手)으로 받드는(廾) 것이니, 명령을 '이어 받다'는 뜻이다.

承繼(승계) : 조상의 전통이나 문화유산, 업적 따위를 물려받아 이어 나감 〈유의어〉繼承(계승)
傳承(전승) : 문화, 풍속, 제도 따위를 이어받아 계승함
＊繼 이을 계 　＊傳 전할 전

視 볼 시 — 부 見 획 12　준4급
示(보일, 제사 시)와 見(볼 견)이 합쳐진 글자이다. 신에게 제사(示)를 올릴 때에는 의식에 어긋남 없이 주의 깊게 보고(見) 살펴야 한다는 데서 '보다'는 뜻이 되었다.

視力(시력) : 물체의 존재나 형상을 인식하는 눈의 능력
重視(중시) : 가볍게 여길 수 없을 만큼 매우 크고 중요하게 여김
＊力 힘 력 　＊重 무거울 중

試 시험 시 — 부 言 획 13
言(말씀 언)과 式(법 식)이 합쳐진 글자이다. 말(言)이 법식(式)에 맞는지 '시험하다'는 뜻이다.

試驗(시험) : 재능이나 실력 따위를 일정한 절차에 따라 검사하고 평가하는 일
入試(입시) : 입학을 위해 치르는 시험
＊驗 시험할 험 　＊入 들 입

是 옳을 시 — 부 日 획 9
日(말할 왈)과 正(바를 정)이 합쳐진 글자이다. 바른 것(正)을 바르다고 말하는(日) 것이 '옳다'는 뜻이다.

是認(시인) : 어떤 내용이나 사실이 옳거나 그러하다고 인정함
是非(시비) : 옳음과 그름
＊認 알 인 　＊非 아닐 비

선정한자 풀이

識 알 식
- 부 言 획 19 준4급
- 言(말씀 언)과 戠(찰흙 시)가 합쳐진 글자이다. 전해오는 말(言)이나 소리(音, 소리 음)를 진흙(戠)으로 된 바람벽이나 토기에 창칼(戈, 창 과) 따위로 새겨 여러 사람이 '알도록' 한다는 뜻이다.

常識(상식) : 사람들이 보통 알고 있거나 알아야 하는 지식
有識(유식) : 학문이 있어 견식이 높음
*常 항상 상 *有 있을 유

辛 매울 신
- 부 辛 획 7 준4급
- 亠(죄 건)과 一(한 일)이 합쳐진 글자이다. 죄인(亠)이 갇혀(一) 있는 모양을 나타낸 글자로 갇혀있으니 '괴롭다'는 뜻이다. 나아가 '맵다'는 뜻이 되었다.

辛苦(신고) : 어려운 일을 당하여 몹시 애씀
辛辣(신랄) : 1. 맛이 아주 쓰고 매움
　　　　　 2. 사물의 분석이나 비평 따위가 매우 날카롭고 예리함
*苦 쓸 고 *辣 매울 랄

臣 신하 신
- 부 臣 획 6 준4급
- 임금 앞에 엎드린 신하의 모양을 본뜬 글자이다.

臣下(신하) : 임금을 섬기어 벼슬하는 사람
忠臣(충신) : 나라와 임금을 위하여 충성을 다하는 신하
*下 아래 하 *忠 충성 충

申 펼, 지지 신
- 부 田 획 5 준4급
- 양손을 허리에 대고 몸을 펴 기지개 켜는 모양을 본뜬 글자이다. 나아가 생각한 것을 펼쳐 말한다는 데서 '펴다'라는 뜻이 되었다.

申告(신고) : 국민이 법령의 규정에 따라 행정 관청에 일정한 사실을 진술, 보고함
申請(신청) : 단체나 기관에 어떠한 일이나 물건을 알려 청구함
*告 알릴 고 *請 청할 청

實 열매 실
- 부 宀 획 14 준4급
- 宀(집 면)과 毌(꿰뚫을 관)과 貝(조개 패)가 합쳐진 글자이다. 집안(宀)에 꿰어(毌) 모은 재물(貝)이 가득하듯 씨앗이 가득 찬 '열매'라는 뜻이다.

實力(실력) : 실제로 갖추고 있는 힘이나 능력
果實(과실) : 열매
*力 힘 력 *果 실과 과

氏 성씨 씨
- 부 氏 획 4 준4급
- 지면(一) 위로 뿌리가 조금 나온 모양을 본뜬 글자이다. 사람 이름 뒤에 붙여 존칭으로 쓴다.

氏族(씨족) : 공동의 조상을 가진 혈연 공동체
姓氏(성씨) : '성(姓)'을 높여 이르는 말
*族 겨레 족 *姓 성 성

4급 선정한자 풀이

선정한자 풀이

兒 아이 아 | 부 儿 획 8 준4급
숫구멍(숨쉴 때마다 움직이는 갓난아이의 정수리)이 아직 굳지 않고 머리만 큰 아이(儿, 사람 인)의 모양을 본뜬 글자이다. 臼(절구 구)는 위쪽이 굳지 않은 숫구멍의 모양을 나타낸 것이다.

兒童(아동) : 신체적·지적으로 아직 미숙한 어린 아이
育兒(육아) : 어린 아이를 기름
*童 아이 동 *育 기를 육

惡 악할 악, 미워할 오 | 부 心 획 12 준4급
亞(버금 아)와 心(마음 심)이 합쳐진 글자이다. 亞는 등이 굽어보기 추한 모양을 나타낸 것으로, 마음(心)이 굽어 추한 것이니 '악하다', '미워하다'는 뜻이다.

惡行(악행) : 악독한 행위
嫌惡(혐오) : 싫어하고 미워함
*行 갈 행 *嫌 싫어할 혐

眼 눈 안 | 부 目 획 11
目(눈 목)과 艮(그칠 간)이 합쳐진 글자이다. 눈(目)을 이리저리 굴렸다가 그치는(艮) 모양을 나타낸 것으로 '눈'이란 뜻이다.

眼科(안과) : 눈에 관계된 질환을 연구하고 치료하는 의학의 한 분과
眼目(안목) : 사물을 보고 분별하는 견식
*科 조목 과 *目 눈 목

案 책상, 생각 안 | 부 木 획 10 준4급
安(편안할 안)과 木(나무 목)이 합쳐진 글자이다. 글을 읽고 쓰는 데 편안(安)한 나무(木)이니, 즉 '책상'을 뜻한다.

案件(안건) : 토의하거나 조사하여야 할 사실
考案(고안) : 연구하여 새로운 안을 생각해 냄
*件 사건 건 *考 상고할 고

暗 어두울 암 | 부 日 획 13 준4급
日(해, 날 일)과 音(소리 음)이 합쳐진 글자이다. 왼쪽으로 해(日)가 지고 오른쪽에 소리(音)만 들리니 '어둡다'는 뜻이다.

暗室(암실) : 밖으로부터 빛이 들어오지 못하도록 꾸며 놓은 방
暗算(암산) : 필기도구, 계산기, 수판 따위를 이용하지 아니하고 머릿속으로 계산함
*室 집 실 *算 셈 산

若 같을, 만약 약 | 부 艸 획 9
艹(풀 초)와 右(오른손 우)가 합쳐진 글자이다. 많은 풀(艹) 중에서도 쓸 만한 것만 오른손(右)으로 가려서 채취하면 캐낸 풀들은 모두 '같은' 종류의 풀들일 것이다. 따라서 '같다'는 뜻이다.

若干(약간) : 얼마 되지 않음
萬若(만약) : 있을지도 모르는 뜻밖의 경우
*干 방패 간 *萬 일만 만

선정한자 풀이

約 맺을 약
부 糸 획 9 준4급
糸(실 사)와 勺(작을 작)이 합쳐진 글자이다. 실(糸)로 작은(勺) 매듭을 묶어 '맺는다'는 뜻이다.

約婚(약혼) : 혼인하기로 약속함
期約(기약) : 때를 정하여 약속함, 또는 그런 약속
*婚 혼인할 혼 *期 기약할 기

養 기를 양
부 食 획 15 준4급
羊(양 양)과 食(먹을 식)이 합쳐진 글자이다. 양(羊)에게 먹이를 먹여(食) '기른다'는 뜻이다.

奉養(봉양) : 부모나 조부모와 같은 웃어른을 받들어 모심
修養(수양) : 몸과 마음을 갈고닦아 품성이나 지식, 도덕 따위를 높은 경지로 끌어올림
*奉 받들 봉 *修 닦을 수

漁 고기잡을 어
부 水 획 14 준4급
氵(물 수)와 魚(고기 어)가 합쳐진 글자이다. 물(氵) 속에 있는 고기(魚)를 '잡는다'는 뜻이다.

漁夫(어부) : 물고기 잡는 일을 업으로 하는 사람
漁船(어선) : 고기잡이를 하는 배
*夫 지아비 부 *船 배 선

億 억 억
부 人 획 15 준4급
亻(사람 인)과 意(뜻 의)가 합쳐진 글자이다. 사람(亻)이 실제로 셀 수는 없고, 그 뜻(意)만 알 수 있을 정도로 큰 숫자가 '억'이라는 뜻이다.

數億(수억) : 억의 두서너 배가 되는 수
億萬長者(억만장자) : 헤아리기 어려울 만큼 많은 재산을 가진 사람
*數 셀 수 *萬 일만 만 *長 길 장 *者 놈 자

如 같을 여
부 女 획 6 준4급
女(계집 녀)와 口(입 구)가 합쳐진 글자이다. 부인(女)의 말(口)은 남편의 뜻과 '같다'는 뜻이다.

如前(여전) : 전과 같음
或如(혹여) : 그러할 리는 없지만 만일에
*前 앞 전 *或 혹 혹

餘 남을 여
부 食 획 16 준4급
食(먹을 식)과 余(남을 여)가 합쳐진 글자이다. 먹을(食) 것이 남아돌(余) 정도로 풍부하니, 즉 '남는다'는 뜻이다.

餘力(여력) : 어떤 일에 주력하고 아직 남아 있는 힘
餘裕(여유) : 물질적·공간적·시간적으로 넉넉하여 남음이 있는 상태
*力 힘 력 *裕 넉넉할 유

선정한자 풀이

與 더불, 줄 여
- 부 臼 획 14
- 舁(마주 들 여) 안에 与(줄 여)가 들어가 어우러진 글자이다. 맞들어(舁) 준다(与)는 데서 '주다' 는 뜻이 되었다. 또한 두 사람이 맞든다는 데서 '더불어' 라는 뜻이 되었다.

與件(여건) : 주어진 조건
寄與(기여) : 도움이 되도록 이바지함
*件 사건 건 *寄 부칠 기

逆 거스를 역
- 부 辵 획 10
- 屰(거스를역)과 辶(갈 착)이 합쳐진 글자이다. 거슬러(屰) 반대되게 간다(辶)는 뜻에서 '배반하다', '거스르다' 는 뜻이 되었다.

逆行(역행) : 보통의 방향과 반대 방향으로 거슬러 나아감
拒逆(거역) : 윗사람의 뜻이나 지시 따위를 따르지 않고 거스름
反逆(반역) : 나라와 겨레를 배반함
*行 갈 행 *拒 막을 거 *反 되돌릴 반

研 갈, 연구 연
- 부 石 획 11
- 石(돌 석)과 幵(평평할 견)이 합쳐진 글자이다. 물건이 평평해(幵)지도록 돌(石)에 '갈다' 는 뜻이다.

研究(연구) : 어떤 일이나 사물에 대하여서 깊이 있게 조사하고 생각하여 진리를 따져 보는 일
研修(연수) : 학문 따위를 연구하고 닦음
*究 궁구할 구 *修 닦을 수

然 그럴 연 준4급
- 부 火 획 12
- 月(고기 육)과 犬(개 견)과 灬(불 화)가 어우러진 글자이다. 개(犬)고기(月)를 불(灬)에 구워먹는 것이 당연하다는 의미이다. 나아가 '그러하다' 는 뜻이 되었다.

當然(당연) : 일의 앞뒤 사정을 놓고 볼 때에 마땅히 그러함
自然(자연) : 사람의 힘이 더해지지 아니하고 세상에 스스로 존재하거나 우주에 저절로 이루어지는 모든 존재나 상태
*當 마땅 당 *自 스스로 자

熱 더울 열 준4급
- 부 火 획 15
- 執(형세 세)와 灬(불 화)가 합쳐진 글자이다. 불(灬)의 형세(執)는 뜨거운 것이니 '덥다' 는 뜻이다.

熱氣(열기) : 뜨거운 기운
熱病(열병) : 열이 몹시 오르고 심하게 앓는 병
*氣 기운 기 *病 병 병

葉 잎 엽 준4급
- 부 艸 획 13
- 艹(풀 초)와 枽(엷을 엽)이 합쳐진 글자이다. 초목(艹)에 달린 얇은(枽) 잎은 '잎사귀' 라는 뜻이다.

葉書(엽서) : 규격을 한정하고 우편 요금을 냈다는 표시로 證標(증표)를 인쇄한 편지 용지
末葉(말엽) : 어떠한 시대를 처음·가운데·끝의 셋으로 나눌 때 그 마지막 부분을 이르는 말
*書 글 서 *末 끝 말

선정한자 풀이

榮 영화 영
부 木 획 14
熒(등불 형)의 생략자와 木(나무 목)이 합쳐진 글자이다. 나무(木) 위에 핀 꽃이 불꽃(熒)처럼 반짝거리는 모습을 나타낸 것으로 '영화롭다' 는 뜻이다.

榮光(영광) : 빛나고 아름다운 영예
繁榮(번영) : 번성하고 영화롭게 됨
*光 빛 광 *繁 번성할 번

藝 재주 예
부 艹 획 19
艹(풀 초)와 埶(심을 예)와 云(이를 운)이 합쳐진 글자이다. 초목(艹)을 심는(埶) '재주' 라는 뜻이다. 이때 재주란 주로 글재주를 뜻하기 때문에 말하다는 뜻이 있는 云자를 함께 쓴다.

藝能(예능) : 1. 재주와 기능을 아울러 이르는 말
2. 예술과 관련된 능력을 통틀어 이르는 말
書藝(서예) : 글씨를 붓으로 쓰는 예술
*能 능할 능 *書 글 서

誤 그릇될, 그르칠 오
부 言 획 14
言(말씀 언)과 吳(떠들썩할 오)가 합쳐진 글자이다. 큰 소리로 떠들썩하게(吳) 하는 말(言) 중에는 믿지 못할 말이 많다. 만약 이런 말을 믿으면 일이 잘못된다, 즉 '그르친다' 는 뜻이다.

誤答(오답) : 잘못된 대답을 함 또는 그 대답
誤解(오해) : 그릇되게 해석하거나 뜻을 잘못 앎
*答 대답 답 *解 풀 해

屋 집 옥
부 尸 획 9 준4급
尸(몸 시)와 至(이를 지)가 합쳐진 글자이다. 사람(尸)이 이르러(至) 머무를 수 있는 곳이 '집' 이라는 뜻이다.

家屋(가옥) : 사람이 사는 집
屋上(옥상) : 지붕 위
*家 집 가 *上 위 상

溫 따뜻할 온
부 水 획 13 준4급
氵(물 수)와 昷(온화할 온)이 합쳐진 글자이다. 물(氵)이 온화한(昷) 것이니, 즉 '따뜻하다' 는 뜻이다.

溫泉(온천) : 지열에 의하여 지하수가 그 지역의 평균 기온 이상으로 데워져 솟아 나오는 샘
保溫(보온) : 주위의 온도에 관계없이 일정한 온도를 유지함
*泉 샘 천 *保 지킬 보

完 완전할 완
부 宀 획 7 준4급
宀(집 면)과 元(으뜸 원)이 합쳐진 글자이다. 집(宀) 주위에 담을 우뚝(元)하게 쌓아 튼튼히 하면 집이 완성된다. 따라서 '완전하다' 는 뜻이다.

完決(완결) : 완전하게 끝을 맺음
完成(완성) : 완전히 다 이룸
*決 결단할 결 *成 이룰 성

선정한자 풀이

往 갈 왕
부 彳 획 8
彳(조금 걸을 척)과 生(날 생)의 변형자가 합쳐진 글자이다. 막 솟아오른(生) 초목의 싹이 나와 뻗어가는(彳) 모습을 나타낸 것으로, '가다'는 뜻이다.

往來(왕래) : 가고 오고 함
往復(왕복) : 갔다가 돌아옴
*來 올 래 *復 돌아올 복

要 구할, 중요 요
부 襾 획 9   준4급
여자가 두 손으로 허리를 감싸고 있는 모양을 본뜬 글자이다. 허리는 신체 중에서도 중심이 되는 중요한 부위이므로 '중요하다'는 뜻이다.

強要(강요) : 억지로 또는 강제로 요구함
主要(주요) : 주되고 중요함
*強 강할 강 *主 주인 주

浴 목욕할 욕
부 水 획 10
氵(물 수)와 谷(골 곡)이 합쳐진 글자이다. 골짜기(谷)를 흐르는 물(氵)에서 '목욕한다'는 뜻이다.

浴室(욕실) : 목욕할 수 있도록 시설을 갖춘 방
沐浴(목욕) : 머리를 감으며 온몸을 씻는 일
*室 집 실 *沐 머리 감을 목

容 담을, 얼굴 용
부 宀 획 10
宀(집 면)과 谷(골 곡)이 합쳐진 글자이다. 골짜기(谷) 같이 넓은 집(宀)에는 여러 물건을 넣을 수 있으므로 '담다'는 뜻이다.

美容(미용) : 얼굴이나 머리를 아름답게 매만짐
許容(허용) : 허락하여 너그럽게 받아들임
*美 아름다울 미 *許 허락할 허

遇 만날 우
부 辶 획 13
偶(우연 우)의 획줄인 글자와 辶(갈 착)이 합쳐진 글자이다. 우연히(偶) 가다가(辶) '만나다'는 뜻이다.

待遇(대우) : 어떤 사회적 관계나 태도로 대하는 일
禮遇(예우) : 예의를 지키어 정중하게 대우함
*待 기다릴 대 *禮 예도 례

雨 비 우
부 雨 획 8   준4급
하늘(一)과 구름(冂)과 떨어지는 모양(丨)과 물방울(水)의 모양을 나타낸 상형문자이다. 하늘(一)의 구름(冂)에서 물방울(水)이 떨어지는(丨) 것은 '비'라는 뜻이다.

雨傘(우산) : 펴고 접을 수 있어 비가 올 때에 펴서 손에 들고 머리 위를 가리는 물건
暴雨(폭우) : 갑자기 세차게 쏟아지는 비
*傘 우산 산 *暴 사나울 폭

선정한자 풀이

雲 구름 운
부 雨 획 12 준4급

雨(비 우)와 云(이를, 움직일 운)이 합쳐진 글자이다. 비(雨)는 수증기가 움직여(云) 만들어지는 것인데, 그 수증기가 바로 '구름'이라는 뜻이다.

雲集(운집) : 구름처럼 모인다는 뜻으로, 많은 사람이 모여듦을 이르는 말
白雲(백운) : 색깔이 흰 구름
靑雲(청운) : 1. 푸른 빛깔의 구름
2. 높은 지위나 벼슬을 비유적으로 이르는 말
*集 모일 집 *白 흰 백 *靑 푸를 청

雄 수컷 웅
부 隹 획 12 준4급

厷(팔꿈치 굉)과 隹(새 추)가 합쳐진 글자이다. 팔꿈치(厷)의 힘이 센 새(隹)는 '수컷'이라는 뜻이다.

雄壯(웅장) : 굉장히 우람함
雄大(웅대) : 웅장하고 큼
*壯 씩씩할 장 *大 큰 대

園 동산 원
부 囗 획 13 준4급

囗(에울 위)와 袁(옷길 원)이 합쳐진 글자이다. 과일이 마치 긴 옷자락(袁)처럼 치렁치렁 열려있는 나무들을 울타리로 에워(囗) 싼 곳, 즉 과수원 같은 '동산'을 뜻한다.

公園(공원) : 공중의 보건, 휴양, 놀이 따위를 위하여 마련한 정원, 유원지, 동산 등의 사회 시설
幼稚園(유치원) : 학령이 안 된 어린이의 심신 발달을 위한 교육 시설
*公 공변될 공 *稚 어릴 치 *幼 어릴 유

願 원할 원
부 頁 획 13 준4급

原(근원 원)과 頁(머리 혈)이 합쳐진 글자이다. 머리(頁)는 우리 생각의 근원(原)이다. 머리로 생각하는 일이 잘 되길 바란다는 데서 '원하다'는 뜻이다.

訴願(소원) : 바라고 원함, 또는 바라고 원하는 일
祝願(축원) : 희망하는 대로 이루어지기를 마음속으로 원함
*訴 하소연할 소 *祝 빌 축

危 위태할 위
부 卩 획 6

𠂉(우러러볼 첨)과 卩(몸기 절)이 합쳐진 글자이다. 사람이 언덕 위에 꿇어앉아(卩) 하늘을 우러러보는(𠂉) 모양이 '위태롭다'는 뜻이다.

危急(위급) : 몹시 위태롭고 급함
危殆(위태) : 어떤 형세가 마음을 놓을 수 없을 만큼 위험함
*急 급할 급 *殆 위태할 태

偉 클, 위대할 위
부 人 획 11

亻(사람 인)과 韋(어긋날, 가죽 위)가 합쳐진 글자이다. 숙련된 사람(人)이 가죽(韋)을 다루듯이 보통 사람도 훈련하면 '뛰어난' 사람이 된다는 뜻이다.

偉大(위대) : 도량이나 능력, 업적 따위가 뛰어나고 훌륭함
偉人(위인) : 뛰어나고 훌륭한 사람
*大 큰 대 *人 사람 인

4급 선정한자 풀이

선정한자 풀이

爲 할 위
- 부 爪 획 12
- 爪(손톱 조)와 象(코끼리 상)의 변형자가 합쳐진 글자이다. 코끼리(象)는 코를 손(爪) 같이 자유롭게 쓰며 일을 할 수 있다는 데서 '하다'는 뜻이 되었다.

所爲(소위) : 이른바
人爲(인위) : 자연의 힘이 아닌 사람의 힘으로 이루어지는 일
*所 바 소 *人 사람 인

遺 남길 유
- 부 辶 획 16
- 貴(귀할 귀)와 辶(갈 착)이 합쳐진 글자이다. 귀한(貴) 것을 두고 간(辶) 것이니, 즉 '남기다'는 뜻이다.

遺産(유산) : 죽은 사람이 남겨 놓은 재산
遺言(유언) : 죽음에 이르러 말을 남김, 또는 그 말
*産 낳을 산 *言 말씀 언

酉 닭, 지지 유
- 부 酉 획 7
- 술을 담그는 그릇의 모양을 본뜬 글자이다. 술은 닭이 잠자러 들어간 후인 해질 무렵에 마신다 하여 '닭'이란 뜻으로 쓰인다.

酉年(유년) : 닭띠 해
酉時(유시) : 오후 다섯 시부터 일곱 시까지, 또는 오후 다섯 시 반부터 여섯 시 반까지를 이르는 말
*年 해 년 *時 때 시

由 말미암을 유 [준4급]
- 부 田 획 5
- 田(밭 전)과 丨(뚫을 곤)이 합쳐진 글자이다. 밭(田)을 뚫고(丨) 올라온 곡식의 싹을 나타냈다. 사람들이 그것으로 '말미암아' 식생활을 한다는 뜻이다.

由來(유래) : 사물이나 일이 생겨남, 또는 그 사물이나 일이 생겨난 바
自由(자유) : 외부적인 구속이나 무엇에 얽매이지 아니하고 자기 마음대로 행동함
*來 올 래 *自 스스로 자

恩 은혜 은
- 부 心 획 10
- 因(인할 인)과 心(마음 심)이 합쳐진 글자이다. 큰 도움으로 인하여(因) 감사하는 마음(心)을 가지게 된 것이니 '은혜'를 입었다는 뜻이다.

恩師(은사) : 가르침을 받은 은혜로운 스승
恩惠(은혜) : 고맙게 베풀어 주는 신세나 혜택
*師 스승 사 *惠 은혜 혜

乙 새 을
- 부 乙 획 1
- 새의 모양을 본뜬 글자다.

甲乙(갑을) : 1. 갑과 을을 아울러 이르는 말
2. 순서나 우열을 나타낼 때, 첫째와 둘째를 이르는 말
*甲 첫째천간 갑

선정한자 풀이

陰 그늘 음
- 부 阜 획 11 동 応
- 阝(언덕 부)와 슢(그늘 음)이 합쳐진 글자이다. 언덕(阝)에 가려서 햇빛이 들지 않아 그늘(슢)진 곳, 즉 '그늘'이라는 뜻이다.

陰地(음지) : 볕이 잘 들지 아니하는 그늘진 곳
光陰(광음) : 햇빛과 그늘, 즉 낮과 밤이라는 뜻으로 시간이나 세월을 이르는 말
*地 땅 지 *光 빛 광

應 응할 응
- 부 心 획 17
- 雁(매 응)과 心(마음 심)이 합쳐진 글자이다. 길들여진 매(雁)는 주인의 뜻(心)을 따라, 즉 주인의 명령에 응하여 사냥한다는 뜻에서 '응하다'는 뜻이 되었다.

對應(대응) : 어떤 일이나 사태에 맞추어 태도나 행동을 취함
反應(반응) : 자극에 대응하여 어떤 현상이 일어남, 또는 그 현상
*對 대답할 대 *反 되돌릴 반

義 옳을 의
- 부 羊 획 13 준4급
- 羊(양 양)과 我(나 아)가 합쳐진 글자이다. 나(我)의 마음을 양(羊)처럼 착하게 만들면 바르고 착한 일만 하게 될 것이다. 따라서 '바르다', '옳다'는 뜻이 되었다.

信義(신의) : 믿음과 의리를 아울러 이르는 말
正義(정의) : 진리에 맞는 올바른 도리
*信 믿을 신 *正 바를 정

醫 의원 의
- 부 酉 획 18 준4급
- 殹(소리마주칠 예)와 酉(술, 닭 유)가 합쳐진 글자이다. 아파서 악을 쓰며 소리치는(殹) 사람을 약술(酉)로 고치는 사람이 '의원', '의사'라는 뜻이다.

醫師(의사) : 의술과 약으로 병을 치료·진찰하는 것을 직업으로 삼는 사람
醫院(의원) : 의사와 醫生(의생)을 통틀어 이르는 말
*師 스승 사 *院 집 원

依 의지할 의
- 부 人 획 8
- 亻(사람 인)과 衣(옷 의)가 합쳐진 글자이다. 사람(亻)은 옷(衣)을 입어 몸을 보호한다. 따라서 옷에 '의지한다'는 뜻이다.

依支(의지) : 다른 것에 몸을 기댐
依存(의존) : 다른 것에 의지하여 존재함
*支 가를 지 *存 있을 존

異 다를 이
- 부 田 획 12
- 畀(줄 비) 안에 廾(두손으로 받들 공)이 어우러진 글자이다. 두 손으로 물건을 들어(廾) 다른 사람에게 나누어 주는(畀) 그 마음이 보통 사람과는 '다르다'는 뜻이다.

異變(이변) : 예상하지 못한 사태나 괴이한 변고
奇異(기이) : 기묘하고 이상함
*變 변할 변 *奇 기이할 기

4급 선정한자 풀이

선정한자 풀이

以 써 이
- 부 人 획 5 준4급
- ㄴ(구부러진 쟁기모양)과 人(사람 인)이 합쳐진 글자로 사람이다. 사람(亻)은 쟁기(ㄴ)를 씀으로써 밭을 갈 수 있다는 뜻이다. 따라서 수단을 나타내는 '~써', '까닭'이란 뜻이 되었다.

以上(이상) : 수량이나 정도가 일정한 기준보다 더 많거나 나음
以後(이후) : 기준이 되는 때를 포함하여 그보다 뒤
*上 위 상 *後 뒤 후

移 옮길 이
- 부 禾 획 11
- 禾(벼 화)와 多(많을 다)가 합쳐진 글자이다. 많이(多) 수확한 벼(禾)를 창고에 '옮겨' 놓는다는 뜻이다.

移民(이민) : 자기 나라를 떠나 다른 나라로 이주하는 일
移轉(이전) : 주소나 장소 따위를 다른 데로 옮김
*民 백성 민 *轉 구를 전

益 더할 익
- 부 皿 획 10
- 옆으로 누운 水(물 수)와 皿(그릇 명)이 합쳐진 글자이다. 그릇(皿)에 물(水)을 '더한다'는 뜻이다.

利益(이익) : 물질적으로나 정신적으로 보탬이 되는 것
純益(순익) : 총이익에서 영업비, 잡비 따위의 총비용을 빼고 남은 순전한 이익
*利 이로울 리 *純 순수할 순

引 끌 인
- 부 弓 획 4
- 弓(활 궁)과 丨(뚫을 곤)이 합쳐진 글자이다. 과녁을 뚫기(丨) 위해 활시위(弓)를 '끌어당긴다'는 뜻이다.

引上(인상) : 물건 값, 봉급, 요금 따위를 올림
引出(인출) : 1. 끌어서 빼냄
           2. 예금 따위를 찾음
*上 위 상 *出 날 출

印 도장 인
- 부 卩 획 6
- 爪(손톱 조)의 변형자와 卩(병부 절)이 합쳐진 글자이다. 무릎을 꿇고 앉아서 손으로 도장을 누르는 모양을 나타낸 것으로서 '도장'을 뜻한다. 또한 도장을 '찍는다'는 의미도 있다.

印朱(인주) : 도장을 찍는 데 쓰는 붉은빛의 재료
職印(직인) : 직무상 쓰는 도장
*朱 붉을 주 *職 직분 직

寅 범 인
- 부 宀 획 11
- 宀(집 면)과 大(큰 대)의 변형자와 臼(절구 구)가 어우러진 글자이다. 집(宀) 안의 큰(大) 어른을 두 손으로 부축한 (臼) 모양으로, 12지지 중에서 셋째 지지인 범(호랑이)을 뜻한다.

寅年(인년) : 범띠 해
寅時(인시) : 오전 세시에서 다섯 시까지, 또는 오전 세 시 반에서 네 시 반까지를 이르는 말
*年 해 년 *時 때 시

선정한자 풀이

認 알 인
부 言 획 14
言(말씀 언)과 忍(참을 인)이 합쳐진 글자이다. 참고(忍) 남의 말(言)을 들어서 그 내용을 '안다'는 뜻이다.

認識(인식) : 사물을 분별하고 판단하여 앎
認定(인정) : 확실히 그렇다고 여김
*識 알 식 *定 정할 정

因 인할 인
부 □ 획 6 준4급
□(에울 위)와 大(큰 대)가 합쳐진 글자이다. □ 모양의 요(이불) 위에 대(大)자로 편히 누워있을 수 있는 데는 믿는 구석이 있기 때문이라는 데서, 원인을 의미하는 '인하다'란 뜻이 되었다.

因緣(인연) : 사람들 사이에 맺어지는 관계
死因(사인) : 죽게 된 원인
*緣 인연 연 *死 죽을 사

壬 천간, 북방, 클 임
부 士 획 4
亻(사람 인)과 一(한 일) 2개가 어우러진 글자이다. 원래는 임신한 여자가 땅 위에 선 모양으로, 그 모습이 짐을 진 것 같다는데서 짊어지다는 뜻이 되었다. 나중에 '북방'이라는 의미로 바뀌었다.

壬辰倭亂(임진왜란) : 조선 선조 25년(1592년)부터 31년(1598년)까지 2차에 걸쳐서 우리나라를 침입한 일본과의 싸움
*辰 지지 진 *倭 왜나라 왜 *亂 어지러울 란

姉 맏누이 자
부 女 획 8 준4급
女(여자 녀)에 㫱(그칠 자)가 합쳐진 글자이다. 다 자란(㫱) 손윗누이(女)라는 뜻이다.

姉妹(자매) : 1. 손윗누이와 손아랫누이
　　　　　　2. 여자 형제
*妹 아랫누이 매

將 장수 장
부 寸 획 11
爿(나무 조각 장)과 月(고기 육)과 寸(마디, 법도 촌)이 합쳐진 글자이다. 재물과 고기(月)를 차려 놓고 나무로 만든 위패(爿)를 들고 법도(寸)를 갖추어 제사를 지내는 '장수'를 뜻한다.

將帥(장수) : 군사를 거느리는 우두머리
將軍(장군) : 군의 우두머리로 군을 지휘하고 통솔하는 武官(무관)
*帥 장수 수 *軍 군사 군

再 두, 다시 재
부 冂 획 6 준4급
一(한 일)과 冓(쌀 구)의 생략자가 합쳐진 글자이다. 쌓은(冓) 위에 하나(一) 더 쌓는 것이니, '두 번' 또는 '다시'라는 뜻이다.

再生(재생) : 1. 죽게 되었다가 다시 살아남
　　　　　　2. 타락하거나 희망이 없어졌던 사람이 다시 올바른 길을 찾아 살아감
　　　　　　3. 낡거나 못 쓰게 된 물건을 가공하여 다시 쓰게 만듦
再婚(재혼) : 다시 결혼함, 또는 그러한 결혼
*婚 혼인할 혼 *生 날 생

4급 선정한자 풀이

선정한자 풀이

材 재목, 재료 재
- 부 木 획 7 준4급
- 木(나무 목)과 才(바탕 재)가 합쳐진 글자이다. 집을 지을 때 바탕(才)이 되는 나무(木)란 뜻이므로, 즉 '재목' 또는 '재료'를 의미한다.

材料(재료) : 물건을 만드는 데 들어가는 감
材質(재질) : 재료가 가지는 성질
*料 헤아릴 료 *質 바탕 질

財 재물 재
- 부 貝 획 10 준4급
- 貝(조개 패)와 才(바탕 재)가 합쳐진 글자이다. 생활하는 데 바탕(才)이 되는 '재물'(貝)을 뜻한다.

財力(재력) : 재물의 힘, 또는 재산상의 능력
財産(재산) : 재화와 자산을 통틀어 이르는 말
*力 힘 력 *産 낳을 산

爭 다툴 쟁
- 부 爪 획 8 준4급
- 爫(손톱 조)와 又(손 우)의 변형자와 亅(갈고리 궐)이 합쳐진 글자이다. 손(又)으로 끌어서(亅) 잡아 쥐려고 손톱(爫)으로 서로 '다툰다'는 뜻이다.

爭取(쟁취) : 겨루어 싸워서 얻음
競爭(경쟁) : 같은 목적에 대하여 이기거나 앞서려고 서로 겨룸
*取 취할 취 *競 다툴 경

低 낮을 저
- 부 人 획 7 준4급
- 亻(사람 인)과 氐(낮을 저)가 합쳐진 글자이다. 신분이 낮은(氐) 사람(亻)은 항상 자세를 낮춘다는 데서 '낮다'는 뜻이다.

低價(저가) : 싼 값
低溫(저온) : 낮은 온도
*價 값 가 *溫 따뜻할 온

貯 쌓을 저
- 부 貝 획 12 준4급
- 貝(조개 패)와 宁(쌓을 저)가 합쳐진 글자이다. 재물(貝)을 쌓아(宁) 둔다는 뜻이다.

貯金(저금) : 돈을 모아 둠, 또는 그 돈
貯藏(저장) : 물건이나 재화 따위를 모아서 간수함
*金 쇠 금 *藏 감출 장

的 과녁 적
- 부 白 획 8 준4급
- 白(흰 백)과 勺(구기 작)이 합쳐진 글자이다. 희고(白) 둥근(勺) 판에 그려진 한 점(丶)을 목표로 활을 쏘는 '과녁'을 뜻한다.

的中(적중) : 1. 화살 따위가 목표물에 맞음
          2. 예상이나 추측 또는 목표 따위에 꼭 들어맞음
目的(목적) : 실현하려고 하는 일이나 나아가는 방향
*中 가운데 중 *目 눈 목

선정한자 풀이

適 맞을, 적당 **적**
- 부 辶 획 15
- 啇(밑동 적)과 辶(갈 착)이 합쳐진 글자이다. 나무뿌리(啇)가 뻗어 나간다(辶)는 데서 가다는 뜻이 되고 알맞게 뻗어간다는데서 '알맞다', '적당하다'는 뜻이 되었다.

適當(적당) : 1. 정도에 알맞음
2. 엇비슷하게 요령이 있음
適應(적응) : 일정한 조건이나 환경 따위에 맞추어 응하거나 알맞게 됨
*當 마땅 당 *應 응할 응

赤 붉을 **적**
- 부 赤 획 7 준4급
- 土(大, 큰 대의 변형)와 火(불 화)가 합쳐진 글자이다. 크게(大) 타오르는 불(火)빛이 '붉다'는 뜻이다.

赤色(적색) : 짙은 붉은색
赤十字(적십자) : 흰 바탕에 붉은색으로 그린 십자형
*色 빛 색 *十 열 십 *字 글자 자

敵 원수 **적**
- 부 攵 획 15
- 啇(밑동 적)과 攵(칠 복)이 합쳐진 글자이다. 오직(啇) 공격(攵)할 뿐인 상대, 즉 '원수'라는 뜻이다.

敵軍(적군) : 적의 군대나 군사
敵手(적수) : 재주나 힘이 서로 비슷해서 상대가 되는 사람
*軍 군사 군 *手 손 수

典 법, 책 **전**
- 부 八 획 8 준4급
- 冊(책 책)의 변형자와 八(두손 맞잡을 공)이 합쳐진 글자이다. 두손(八)으로 받드는 소중한 책(冊)이라는 데서 '법전'이라는 뜻이 되었다.

事典(사전) : 어떤 범위 안에서 쓰이는 낱말을 모아서 일정한 순서로 배열하여 싣고 그 각각의 발음, 의미, 어원, 용법 따위를 해설한 책
法典(법전) : 국가가 제정한 통일적·체계적인 성문 법규집
*辭 말 사 *法 법 법

戰 싸움 **전**
- 부 戈 획 16 준4급
- 單(홀로 단)과 戈(창 과)가 합쳐진 글자이다. 單은 무기를 뜻하며 무기와 무기(戈)를 들고 서로 맞부딪친다는 데서 '싸우다'는 뜻이 되었다.

戰爭(전쟁) : 1. 국가와 국가, 또는 交戰(교전) 단체 사이에 무력을 사용하여 싸움
2. 극심한 경쟁이나 혼란을 비유하는 말
決戰(결전) : 승부를 결정짓는 싸움
*爭 다툴 쟁 *決 결단할 결

傳 전할 **전**
- 부 人 획 13 준4급
- 亻(사람 인)과 專(오로지 전)이 합쳐진 글자이다. 專은 실패를 손에 든 모양으로, 실패의 실이 풀려 나가듯 달려가는 말을 탄 사람이 소식을 멀리 '전하다'는 뜻이다.

傳達(전달) : 지시, 명령, 물품 따위를 다른 사람이나 기관에 전하여 이르게 함
傳統(전통) : 어떤 집단이나 공동체에서, 지난 시대에 이미 이루어져 계통을 이루며 전하여 내려오는 사상·관습·행동 따위의 양식
*達 통달할 달 *統 거느릴 통

선정한자 풀이

展 펼 전
- 부 尸 획 10 준4급
- 尸(몸 시)와 㞡(비단옷 전)이 합쳐진 글자이다. 비단옷(㞡)을 벗고 누워 팔다리(尸)를 편다는 데서 '펴다'는 뜻이 되었다.

展開(전개) : 1. 열리어 나타남
2. 시작하여 벌임
3. 내용을 진전시켜 펴나감
發展(발전) : 더 낫고 좋은 상태나 더 높은 단계로 나아감
*開 열 개 *發 필 발

節 마디 절
- 부 竹 획 15 준4급
- 竹(대나무 죽)과 卽(나아갈 적)이 합쳐진 글자이다. 대나무(竹)는 자라 나가며(卽) '마디'가 생긴다는 뜻이다.

節約(절약) : 꼭 필요한 데에만 써서 아낌
禮節(예절) : 예의에 관한 모든 절차나 질서
*約 맺을 약 *禮 예도 례

店 가게 점
- 부 广 획 8 준4급
- 广(집 엄)과 占(차지할 점)이 합쳐진 글자이다. 자유롭게 출입할 수 있는 집(广)을 차지하고(占) 물건을 파는 곳이니, 즉 '가게'라는 뜻이다.

店員(점원) : 상점에 고용되어 물건을 팔거나 그 밖의 일을 맡아 하는 사람
書店(서점) : 책을 갖추어 놓고 팔거나 사는 가게
*員 인원 원 *書 글 서

接 이을, 가까이할 접
- 부 手 획 11 준4급
- 扌(손 수)와 妾(첩 첩)이 합쳐진 글자이다. 손(扌)으로 첩(妾)을 만지니 '가까이 하다' 또는 '잇다', '접근하다'는 뜻이다.

接見(접견) : 공식적으로 손님을 맞아들여 만나 봄
面接(면접) : 서로 대면하여 만나봄
*見 볼 견 *面 낯 면

庭 뜰 정
- 부 广 획 10 준4급
- 广(집 엄)과 廷(조정 정)이 합쳐진 글자이다. 원래는 비를 맞지 않도록 지붕(广)을 이은 조정(廷)의 작은 마당을 뜻하였으나, 나중에 일반 가정의 '뜰'을 뜻하게 되었다.

庭園(정원) : 집 안에 있는 뜰이나 꽃밭
家庭(가정) : 한 가족이 생활하는 집
*園 동산 원 *家 집 가

情 뜻 정
- 부 心 획 11 준4급
- 忄(마음 심)과 靑(푸를 청)이 합쳐진 글자이다. 마음(忄)이 항상 푸르고(靑) 맑은 사람은 가슴속에 품은 뜻 또한 참되고 깨끗할 것이다. 따라서 '뜻' 또는 '정'이란 뜻이다.

愛情(애정) : 사랑하는 마음
友情(우정) : 친구 사이의 정
*愛 사랑 애 *友 벗 우

선정한자 풀이

停 머무를 정
- 부: 人, 획: 11
- 亻(사람 인)과 亭(정자 정)이 합쳐진 글자이다. 정자(亭)는 사람(亻)이 사는 곳이 아니라, 잠시 올라가 머물렀다 가는 곳이다. 따라서 '머무르다'는 뜻이 되었다.

停止(정지) : 움직이고 있던 것이 멎거나 그침, 또는 중도에서 멎거나 그치게 함
停車(정차) : 차가 멎음, 또는 차를 멈춤
*止 그칠 지 *車 수레 차

井 우물 정
- 부: 二, 획: 4
- 위에서 내려다본 우물의 모양을 본뜬 글자이다.

市井(시정) : 1. 人家(인가)가 모인 거리
　　　　　　2. 사람이 모여 사는 곳
井華水(정화수) : 조상에게 가족의 평안을 빌기 위해 이른 새벽에 길은 우물물
*市 저자 시 *水 물 수 *華 빛날 화

精 정기, 가릴 정
- 부: 米, 획: 14
- 米(쌀 미)와 靑(푸를 청)이 합쳐진 글자이다. 푸른빛(靑)이 감돌 정도로 깨끗하게 찧은 쌀(米)을 나타낸 것이다. 나아가 깨끗한 마음과 밝은 정신, 즉 '정기'를 의미하게 된 글자이다.

精誠(정성) : 온갖 힘을 다하려는 참되고 성실한 마음
精華(정화) : 깨끗하고 순수하여 精髓(정수)가 될 만한 뛰어난 부분
*誠 정성 성 *華 빛날 화

政 정사, 정치 정
- 부: 攵, 획: 8
- 正(바를 정)과 攵(칠 복)이 합쳐진 글자이다. 백성들이 바르게(正) 살도록, 나쁜 일을 하면 매를 쳐서(攵) 질서를 세우는 일이 바로 '정치'라는 뜻이다.

政治(정치) : 나라를 다스리는 일
政權(정권) : 정치상의 권력, 또는 정치를 담당하는 권력
*治 다스릴 치 *權 권세 권

定 정할 정 (준4급)
- 부: 宀, 획: 8
- 宀(집 면)과 正(바를 정)이 합쳐진 글자이다. 집(宀) 안에 물건을 바르게(正) 놓기 위해서는 각 물건의 자리를 정해둬야 할 것이다. 따라서 '정하다'는 뜻이 되었다.

決定(결정) : 행동이나 태도를 분명하게 정함
安定(안정) : 바뀌어 달라지지 아니하고 일정한 상태를 유지함
*決 결단할 결 *安 편안할 안

除 덜, 제외할 제
- 부: 阜, 획: 10
- 阝(언덕 부)와 余(남을 여)가 합쳐진 글자이다. 큰 건물의 여분(余)에 돌을 언덕(阝)처럼 쌓아 만든 돌층계를 오르면 입구까지의 거리가 적어지므로 '덜다'는 뜻이다.

除去(제거) : 없애 버림
除外(제외) : 따로 떼어 내어 한데 헤아리지 않음
*去 갈 거 *外 밖 외

4급 선정한자 풀이　85

선정한자 풀이

祭 제사 제
부 示 획 11

月(고기 육)과 又(손 우)와 示(제사 시)가 합쳐진 글자이다. 고기(月)를 손(又)으로 신전에 올려 제사(示) 지내는 모습을 나타내었다. 따라서 '제사'란 뜻이다.

祭器(제기) : 제사에 쓰는 그릇
祭祀(제사) : 신령이나 죽은 사람의 넋에게 음식을 바치어 정성을 나타내는 의식
*器 그릇 기 *祀 제사 사

製 지을 제
부 衣 획 14

制(지을 제)와 衣(옷 의)가 합쳐진 글자이다. 옷(衣)을 만드는 것은 짓는다(制)고도 표현하는데, 여기서 나아가 모든 물건을 만든다, 즉 '짓는다'는 뜻이 되었다.

製造(제조) : 공장에서 큰 규모로 물건을 만듦
製品(제품) : 원료를 써서 물건을 만듦
*造 지을 조 *品 물건 품

調 고를 조
부 言 획 15 준4급

言(말씀 언)과 周(두루 주)가 합쳐진 글자이다. 서로의 말(言)을 두루(周) 듣고 골고루 헤아린다는 데서 '고르다'는 뜻이 되었다.

論調(논조) : 논하는 말투나 글투
風調(풍조) : 詩歌(시가) 등에서 느껴지는 아취
*論 논할 론 *風 바람 풍

助 도울 조
부 力 획 7 준4급

且(또 차)와 力(힘 력)이 합쳐진 글자이다. 힘써(力) 일하는 사람이 다시(且) 힘을 낼 수 있도록 도와 준다는 데서 '돕다'는 뜻이 되었다.

助力(조력) : 힘써 도와줌
助言(조언) : 말로 거들거나 깨우쳐 주어서 도움, 또는 그 말
*力 힘 력 *言 말씀 언

鳥 새 조
부 鳥 획 11 준4급

꼬리가 긴 새의 모양을 본떠 만든 글자이다.

鳥類(조류) : 새과의 척추동물을 일상적으로 통틀어 이르는 말
鳥獸(조수) : 새와 짐승을 통틀어 이르는 말
*類 무리 류 *獸 짐승 수

早 이를 조
부 日 획 6 준4급

日(해 일)과 十(열 십)이 합쳐진 글자이다. 해(日)가 아래에서 (一) 위로(丨) 오르는 그 시간이 '이르다'는 뜻이다.

早産(조산) : 해산달이 차기 전에 아이를 낳음
早速(조속) : 이르고도 빠름
*産 낳을 산 *速 빠를 속

선정한자 풀이

兆 조 조
부 儿 획 6
거북 껍질에 터진 금을 본따 만든 글자이다. 옛날에는 그것을 보고 길흉을 점쳤으므로 '조짐'이라는 뜻이 되었으며, 그 금은 수 없이 많기 때문에 '억조'라는 숫자를 의미하게 되었다.

兆朕(조짐) : 좋거나 나쁜 일이 생길 기미가 보이는 현상
吉兆(길조) : 좋은 일이 있을 조짐
*朕 나 짐 *吉 길할 길

造 지을 조
부 辵 획 11
告(알릴 고)와 辶(갈 착)이 합쳐진 글자이다. 일꾼은 어떤 일의 결과물을 만든 후에야 자신이 일한 바를 알리러(告) 갈(辶) 수 있다. 따라서 '만들다', '짓다'는 뜻이다.

造成(조성) : 1. 무엇을 만들어서 이룸
           2. 분위기나 정세 따위를 만듦
改造(개조) : 조직, 구조 따위를 목적에 맞도록 고쳐 다시 만듦
*成 이룰 성 *改 고칠 개

尊 높을, 존경할 존
부 寸 획 12
酋(술 익을 추)와 寸(법도 촌)이 합쳐진 글자이다. 술(酋)잔을 법도(寸)에 맞게 들고 윗사람에게 바치는 모양을 나타내었다. 따라서 '높이다', '공경하다'는 뜻이다.

尊敬(존경) : 남의 인격, 사상, 행위 따위를 받들어 공경함
尊重(존중) : 높이어 귀중하게 대함
*敬 공경할 경 *重 무거울 중

存 있을 존
부 子 획 6   준4급
才(재주 재)와 子(아들 자)가 합쳐진 글자이다. 어린 아이(子)는 누구나 자신만의 자질(才)을 가지고 '있다'는 뜻이다.

存在(존재) : 현실에 실제로 있음, 또는 그런 대상
存亡(존망) : 존속과 멸망 또는 생존과 사망을 이르는 말
*在 있을 재 *亡 망할 망

卒 군사, 마칠 졸
부 十 획 8   준4급
衣(옷 의)의 변형자와 一(한 일)이 합쳐진 글자이다. 옷(衣)에 표시(一)가 되어 있는 병사는 낮은 계급의 병졸이다. 따라서 '군사'라는 뜻이다.

卒兵(졸병) : 직위가 낮은 병사 〈유의어〉兵卒(병졸)
卒業(졸업) : 학생이 규정에 따라 소정의 교과 과정을 마침
*兵 군사 병 *業 일 업

終 마칠 종
부 糸 획 11   준4급
糸(실 사)와 冬(겨울 동)이 합쳐진 글자이다. 실(糸)패의 실이 끝나듯 겨울(冬) 역시 사계절의 끝이며 한 해가 끝나는 계절이다. 따라서 '마치다'란 뜻이다.

終結(종결) : 일을 끝냄
始終(시종) : 1. 처음과 끝
           2. 항상
*結 맺을 결 *始 처음 시

선정한자 풀이

種 씨 종
부 禾　획 5　준4급

禾(벼 화)와 重(무거울 중)이 합쳐진 글자이다. 벼를 물에 넣어 가라앉으면 싹을 맺을 씨앗이고, 물 위에 뜨면 속이 빈 것이다. 따라서 가라앉는 무거운(重) 벼(禾)가 봄에 심을 '씨' 라는 뜻이다.

種類(종류) : 사물의 부문을 나누는 갈래
品種(품종) : 1. 물품의 종류
　　　　　　2. 농작물, 가축 따위를 분류하는 최종 단계의 이름
*類 무리 류　*品 물건 품

坐 앉을 좌
부 土　획 7

땅 위에 두 사람이 마주 앉은 모양을 나타낸 글자이다.

坐席(좌석) : 앉을 수 있게 마련된 자리
坐視(좌시) : 참견하지 아니하고 앉아서 보기만 함
*席 자리 석　*視 볼 시

罪 허물, 죄 죄
부 罒　획 13　준4급

罒(그물 망)과 非(아닐 비)가 합쳐진 글자이다. 법망(罒)에 걸릴 옳지 않은(非) 짓이니 '죄', '허물'을 뜻한다.

罪人(죄인) : 죄를 지은 사람〈유의어〉罪囚(죄수)
免罪(면죄) : 지은 죄를 면함, 또는 면하여 줌
*人 사람 인　*免 면할 면

走 달릴 주
부 走　획 7

土(흙 토)와 止(발, 그칠 지)가 합쳐진 글자이다. 발(止)로 땅(土)을 박차고 뛰어 나간다는 데서 '달리다'는 뜻이 되었다.

走行(주행) : 자동차나 열차 따위가 달림
競走(경주) : 사람, 동물, 차량 따위가 일정한 거리를 달려 빠르기를 겨루는 일
*行 갈 행　*競 다툴 경

注 물댈 주
부 水　획 8　준4급

氵(물 수)와 主(주인 주)가 합쳐진 글자이다. 흐르는 물(氵)을 한쪽이 주(主)가 되도록 터서, 즉 한 방향으로만 흐르도록 만들어 물을 댄다는 의미이다. 따라서 '물 대다' 는 뜻이 되었다.

注目(주목) : 관심을 가지고 주의 깊게 살핌
注意(주의) : 1. 마음에 새겨 두고 조심함
　　　　　　2. 어떤 일이나 한 곳에 관심을 집중함
*目 눈 목　*意 뜻 의

朱 붉을 주
부 木　획 6

木(나무 목)과 一(한 일)과 丿(삐침 별)이 합쳐진 글자이다. 푸른 소나무(木)를 자르면(丿) 중간(一) 등속의 중심이 '붉다' 는 뜻이다.

紅(주홍) : 노란빛을 약간 띤 붉은 색〈비교〉朱黃(주황)
印朱(인주) : 도장을 찍는 데 쓰는 붉은빛의 재료
*紅 붉을 홍　*印 도장 인

선정한자 풀이

衆 무리 중
부 血 획 12

血(피 혈) 밑에 人자 3개를 붙여 썼던 글자였는데, 나중에 모양이 변한 것이다. 사람이 여럿 있으므로 '무리'를 뜻한다(여기서 血은 目의 변형자로, 여러 사람의 눈이 많음을 나타낸 것이다).

大衆(대중) : 수많은 사람의 무리
民衆(민중) : 국가나 사회를 구성하는 일반 국민
*大 큰 대 *民 백성 민

增 더할 증
부 土 획 15

土(흙 토)와 曾(거듭 증)이 합쳐진 글자이다. 흙(土) 위에 흙을 거듭(曾) 쌓으면 그 양이 더 많아질 것이다. 따라서 '더하다'는 뜻이 되었다.

增加(증가) : 양이나 수치가 늘어남
增産(증산) : 생산을 늘림
*加 더할 가 *産 낳을 산

持 가질 지
부 手 획 9

扌(손 수)와 寺(관청 시)가 합쳐진 글자이다. 관청(寺)에서 내보낸 공문서를 손(扌)에 소중히 지니고 있음을 나타낸 것이다. 지니고 있는 것이니, 즉 '가지다'란 뜻이다.

所持(소지) : 가지고 있는 일, 또는 물건
支持(지지) : 1. 어떤 사람이나 단체 따위의 주의, 정책, 의견 따위에 찬성하여 이를 위하여 힘을 씀
2. 붙들어서 버티게 함
*所 바 소 *支 가를 지

止 그칠 지
부 止 획 4   준4급

사람이 서 있는 발의 모양을 본뜬 글자이다. 발이 땅 위에 멈춰서 있는 모양이므로 '멈추다', '그치다'는 뜻이 되었다.

停止(정지) : 1. 움직이고 있던 것이 멎거나 그침
2. 하던 일을 멈춤
中止(중지) : 하던 일을 중도에서 그만둠
*停 머무를 정 *中 가운데 중

志 뜻 지
부 心 획 7   준4급

士(선비 사)와 心(마음 심)이 합쳐진 글자이다. 이때 士는 之(갈 지)의 변형자로서, 마음(心)이 가는(之) 바를 나타낸다. 마음이 가는 데 바로 뜻이 있으므로 '뜻'을 의미한다.

意志(의지) : 어떠한 일을 이루고자 하는 마음
鬪志(투지) : 싸우고자 하는 굳센 마음
*意 뜻 의 *鬪 싸움 투

指 손가락 지
부 手 획 9

扌(손 수)와 旨(맛있을 지)가 합쳐진 글자이다. 맛있는(旨) 것을 보면 먼저 손(扌)으로 찍어 맛을 보는데, 이때 사용하는 것이 바로 손가락이다. 따라서 '손가락'을 뜻한다.

指紋(지문) : 손가락 끝마디 안쪽에 있는 살갗의 무늬
指示(지시) : 1. 가리켜 보임
2. 일러서 시킴, 또는 그 내용
*紋 무늬 문 *示 보일 시

선정한자 풀이

知 알 지
부 矢 획 8 준4급
矢(화살 시)와 口(입 구)가 합쳐진 글자이다. 과녁을 맞추는 화살(矢)처럼 진리에 맞는 말(言)을 하기 위해서는 공부를 해서 아는 것이 많아야 한다. 따라서 '알다' 는 뜻이 되었다.

知覺(지각) : 1. 알고 깨달음
2. 사물의 이치나 도리를 분별하는 능력
知性(지성) : 知覺한 것을 바탕으로 새로운 인식을 낳게 하는 정신 작용
未知(미지) : 아직 알지 못함
*覺 깨달을 각 *性 성품 성 *未 아닐 미

至 이를 지
부 至 획 6 준4급
새가 하늘에서 내려와 땅에 내려앉은 모양을 나타낸 글자이다. 내려 앉아서 땅에 '이르다' 는 뜻이다.

至極(지극) : 더할 수 없이 극진함
至大(지대) : 더할 수 없이 큼
*極 다할 극 *大 큰 대

紙 종이 지
부 糸 획 10 준4급
糸(실 사)와 氏(각시 씨)가 합쳐진 글자이다. 氏는 나무 뿌리가 흙 밖으로 나온 모양을 나타낸 글자이다. 따라서 나무의 섬유(糸)를 이용해 만든 것이 '종이' 라는 뜻이다.

紙面(지면) : 1. 종이의 겉면
2. 기사나 글이 실리는 인쇄물의 면
用紙(용지) : 어떤 일에 쓰는 종이
*面 낯 면 *用 쓸 용

支 지탱할 지
부 支 획 4 준4급
十(열 십)과 又(손 우)가 합쳐진 글자이다. 대나무가지(十)를 손(又)으로 받치고 있는 모양인데, 따라서 '지탱하다' 는 뜻이 되었다.

收支(수지) : 1. 收入(수입)과 支出(지출)
2. 거래에서 얻는 이익
依支(의지) : 다른 것에 몸을 기댐
*收 거둘 수 *依 의지할 의

進 나아갈 진
부 辶 획 12 준4급
隹(새 추)와 辶(갈 착)이 합쳐진 글자이다. 새(隹)가 뛰어가거나 날아가는 것처럼 앞으로 간다(辶)는 데서 '나아가다' 는 뜻이 되었다.

進步(진보) : 정도나 수준이 나아지거나 높아짐
進行(진행) : 1. 앞을 향하여 나아감
2. 일 따위를 처리해 나감
*步 걸음 보 *行 갈 행

辰 별, 지지, 용 진
부 辰 획 7 준4급
조개가 껍데기를 벌려 혀를 내밀고 움직이고 있는 모양을 본뜬 글자이다. 그 조개가 움직이는 3월에 전갈자리가 나타나기 때문에 '별' 이라는 뜻으로 쓰이게 되었다.

辰時(진시) : 오전 일곱 시부터 아홉 시까지, 또는 오전 일곱 시 반부터 여덟 시 반까지를 이르는 말
壬辰倭亂(임진왜란) : 조선 선조 25년(1592년)부터 31년(1598년)까지 2차에 걸쳐서 우리나라를 침입한 일본과의 싸움
*時 때 시 *壬 천간 임 *倭 왜나라 왜 *亂 어지러울 란

선정한자 풀이

眞 참 진
- 부 目 획 10 준4급
- 直(곧을 직)의 변형자와 八(여덟 팔)이 합쳐진 글자이다. 진리란 변하지 않는 불변의 것이어야 한다. 따라서 사방팔(八)방 어느 곳에서 보더라도 올바른(直) 것이 참이고 '진리'라는 뜻이다.

眞價(진가) : 참된 값어치
純眞(순진) : 세상에 물들지 않고 꾸밈이 없음
*價 값 가 *純 순수할 순

質 바탕 질
- 부 貝 획 15 준4급
- 斦(모탕 은)과 貝(조개 패)가 합쳐진 글자이다. 옛날에는 모탕(斦)이라 부르는 나무토막을 놓고 그 위에 재물(貝) 등 물건을 쌓았다. 이처럼 모탕은 물건을 쌓아놓는 '바탕'이란 뜻이다.

本質(본질) : 본디부터 갖고 있는 사물 스스로의 성질이나 모습
材質(재질) : 재료가 가지는 성질
*本 근본 본 *材 재목 재

集 모일 집
- 부 隹 획 12 준4급
- 隹(새 추)와 木(나무 목)이 합쳐진 글자이다. 새(隹)들이 나무(木)에 모여 있다는 데서 '모이다'는 뜻이 되었다.

集合(집합) : 사람들을 한곳으로 모으거나 모임
密集(밀집) : 빈틈없이 빽빽하게 모임
*合 합할 합 *密 빽빽할 밀

次 버금 차
- 부 欠 획 6 준4급
- 二(두 이)와 欠(하품 흠)이 합쳐진 글자이다. 하품(欠)을 계속하며 몸이 피곤하면 일을 제대로 해낼 수 없어 2등이 될 수밖에 없다. 따라서 으뜸의 바로 아래를 뜻하는 '버금'이란 뜻이 되었다.

次女(차녀) : 둘째 딸
次例(차례) : 1. 순서 있게 구분하여 벌여 나가는 관계
2. 책이나 글 따위에서 벌여 적어 놓은 항목
〈유의어〉目次(목차)
將次(장차) : 앞으로
*女 여자 녀 *例 법식 례 *將 장차 장

着 붙을 착
- 부 羊 획 11 준4급
- 羊(양 양)과 目(눈 목)을 합친 글자이다. 양(羊)은 서로를 눈(目)으로 보면서 항상 무리지어 붙어 다닌다. 따라서 '붙다'는 뜻이다.

着用(착용) : 의복, 모자, 신발 따위를 입거나 쓰거나 신는 것
接着(접착) : 끈기있게 붙음
*用 쓸 용 *接 가까이할, 이을 접

察 살필 찰
- 부 宀 획 14 준4급
- 宀(집 면)과 祭(제사 제)가 합쳐진 글자이다. 집(宀)에서 제사(祭)를 지낼 때는 불결한 것이 없도록 자세히 살펴보아야 한다. 따라서 '살피다'는 뜻이 되었다.

警察(경찰) : 국민의 안전과 재산을 보호하는 일을 하는 조직
診察(진찰) : 의사가 여러 가지 방법으로 환자의 병이나 증상을 살핌
*警 경계할 경 *診 볼 진

선정한자 풀이

참여할 **참**

부 厶   획 11   준4급

厶(사사 사, 삼형제 별의 뜻)과 㐺(머리 검을 진)이 합쳐진 글자이다. 사람의 머리(㐺) 위에 3개(厶)의 별이 더불어 함께 빛난다는 데서 '참여하다'의 뜻이 되었다.

參加(참가) : 모임이나 단체 또는 일에 관계하여 들어감
參與(참여) : 어떤 일에 끼어들어 관계함
* 加 더할 가 * 與 줄 여

唱

부를, 노래 **창**

부 口   획 11

口(입 구)와 昌(창성할 창)이 합쳐진 글자이다. 입(口)으로 소리를 성하게(昌) 내어 부른다는 데서 '부르다'는 뜻이 되었다.

歌唱(가창) : 노래를 부름
獨唱(독창) : 혼자서 노래를 부름
* 歌 노래 가 * 獨 홀로 독

責

꾸짖을 **책**

부 貝   획 11   준4급

朿(가시 자)의 변형자와 貝(조개, 돈 패)가 합쳐진 글자이다. 돈(貝)을 갚으라고 가시(朿)로 찌르듯이 조른다는 데서 '꾸짖다'는 뜻이 되었다.

責任(책임) : 맡아서 해야 할 임무나 의무
自責(자책) : 자신의 결함이나 잘못에 대하여 스스로 깊이 뉘우치고 자신을 책망함
* 任 맡길 임 * 自 스스로 자

冊

책 **책**

부 冂   획 5

옛날 종이가 없을 때는 대나무 조각에 글을 써서 이를 묶어 '책'을 만들었다. 이렇게 만든 책을 본뜬 글자이다.

冊床(책상) : 앉아서 책을 읽거나 글을 쓰거나 사무를 보거나 할 때 앞에 놓고 쓰는 상
冊房(책방) : 책을 갖추어 놓고 팔거나 사는 가게
〈유의어〉書店(서점)
* 床 평상 상 * 房 방 방

곳, 살 **처**

부 虍   획 11

虍(범 호)와 夂(천천히걸을 쇠)와 几(안석 궤)가 합쳐진 글자이다. 범(虍)이 걸어가다(夂) 앉아서 쉬는 돌(几), 즉 쉬어가는 장소이니 '곳'을 뜻한다.

處所(처소) : 사람이 기거하거나 임시로 머무는 곳
居處(거처) : 일정하게 자리를 잡고 사는 장소
* 所 바 소 * 居 살 거

鐵

쇠 **철**

부 金   획 21   준4급

金(쇠 금)과 䥫(날카로울 철)이 합쳐진 글자이다. 예리한(䥫) 무기를 만드는 데 쓰는 금속(金)은 '쇠' 라는 뜻이다.

鐵道(철도) : 침목 위에 철제의 궤도를 설치하고, 그 위로 차량을 운전하여 여객과 화물을 운송하는 시설
古鐵(고철) : 아주 낡고 오래된 쇠, 또는 그 조각
* 道 길 도 * 古 옛 고

선정한자 풀이

聽 들을 청
- 부 耳 획 22
- 耳(귀 이)와 壬(간사할 임)과 悳(큰 덕)이 합쳐진 글자이다. 간사한(壬) 소리는 귀(耳) 밖으로 흘려보내고, 덕(悳)이 있는 좋은 말만 담아 들어야 한다는 데서 '듣다'는 뜻이다.

聽力(청력) : 귀로 소리를 듣는 힘
聽衆(청중) : 강연이나 설교, 음악 따위를 듣기 위해 모인 군중
*力 힘 력 *衆 무리 중

請 청할 청
- 부 言 획 15
- 言(말씀 언)과 靑(푸를, 젊을 청)이 합쳐진 글자이다. 젊은이(靑)가 어른을 뵙고 부탁의 말(言)을 한다는 데서 '청하다'는 뜻이 되었다.

請約(청약) : 일정한 내용의 계약을 체결할 것을 목적으로 하는 일방적, 확정적 의사 표시
請婚(청혼) : 결혼하기를 청함
*約 맺을 약 *婚 혼인할 혼

初 처음 초
- 부 刀 획 7 준4급
- 衤(옷 의)와 刀(칼 도)가 합쳐진 글자이다. 옷(衤)을 만들기 위해서 가장 처음 할 일은 옷감을 칼(刀)로 자르는 것이다. 따라서 '처음'이란 뜻이다.

初級(초급) : 맨 처음 또는 최저 등급이나 단계
始初(시초) : 맨 처음 〈유의어〉最初(최초)
*級 등급 급 *始 처음 시

最 가장 최
- 부 日 획 12
- 曰(말할 왈)과 取(취할 취)가 합쳐진 글자이다. 말(曰)로 가장 나은 것, 즉 가장 좋은 것을 취(取)하는 것이므로 '가장'이라는 뜻이다.

最近(최근) : 1. 얼마 되지 않은 지나간 날
2. 거리 따위가 가장 가까움
最善(최선) : 1. 가장 좋고 훌륭함
2. 온 정성과 힘
*近 가까울 근 *善 착할 선

祝 빌 축
- 부 示 획 10 준4급
- 示(보일 시, 神이란 의미가 있다)와 口(입 구)와 儿(사람 인)이 어우러진 글자이다. 제사 지내는 사람(儿)이 축문을 입(口)으로 읽으면서 신(示)에게 자손들의 안위를 '빈다'는 뜻이다.

祝福(축복) : 행복을 빎
祝祭(축제) : 축하하여 벌이는 큰 규모의 행사
*福 복 복 *祭 제사 제

蟲 벌레 충
- 부 虫 획 18
- 虫(벌레 충) 3개를 합친 글자로, 벌레를 통틀어 일컫는다.

昆蟲(곤충) : 곤충강의 동물을 일상적으로 이르는 말
害蟲(해충) : 인간의 생활에 해를 끼치는 벌레를 이르는 말
*昆 형 곤 *害 해로울 해

선정한자 풀이

充 채울 충
부 人 획 5

育(기를 육)의 획줄인 글자와 儿(사람 인)이 합쳐진 글자이다. 아이를 사람(儿)답게 기르려면(育) 예절과 지식 등 내면을 충실히 채워주어야 한다. 따라서 '채우다'는 뜻이 되었다.

充滿(충만) : 가득하게 참
充分(충분) : 모자람 없이 넉넉함
*滿 찰 만 *分 나눌 분

忠 충성 충
부 心 획 8 준4급

中(가운데 중)과 心(마음 심)이 합쳐진 글자이다. 마음(心) 속(中)에서 우러나오는 참된 마음을 나타내는 글자로 '충성'이란 뜻이다.

忠誠(충성) : 진정에서 우러나오는 정성
忠臣(충신) : 충성을 다하는 신하
忠孝(충효) : 충성과 효도를 아울러 이르는 말
*臣 신하 신 *誠 정성 성 *孝 효도 효

取 가질, 취할 취
부 又 획 8

耳(귀 이)와 又(손 우)가 합쳐진 글자이다. 옛날에 전쟁을 하면 손(又)으로 적의 귀(耳)를 잘라 가졌다. 때문에 '가지다'는 뜻이 되었다.

取得(취득) : 자기 것으로 만들어 가짐
爭取(쟁취) : 겨루어 싸워서 얻음
*得 얻을 득 *爭 다툴 쟁

治 다스릴 치
부 水 획 8

氵(물 수)와 台(기를, 다스릴 이)가 합쳐진 글자이다. 옛날 중국에서는 황하에 범람하는 물(氵)을 잘 다스리는(台) 것이 정사의 기본이었다. 따라서 '다스리다'는 뜻이 되었다.

治安(치안) : 나라를 편안하게 다스림, 또는 그런 상태
法治(법치) : 법률에 의하여 나라를 다스림
*安 편안할 안 *法 법 법

致 이를 치
부 至 획 10 준4급

至(이를 지)와 夊(뒤져올 치)를 합친 글자이다. 목적지에 이르러서(至) 원하는 바를 이룬다는 의미이다. 따라서 '이르다'는 뜻이다.

景致(경치) : 산이나 들, 강, 바다 따위의 자연이나 지역의 풍경
理致(이치) : 사물의 정당한 條理(조리), 또는 도리에 맞는 취지
*風 바람 풍 *理 다스릴 리

齒 이 치
부 齒 획 15

止(그칠 지)와 이 모양을 그린 글자가 합쳐진 글자이다. 아래 위로 나란히 박힌(止) 치아 모양을 나탄냈다. 따라서 '이'를 뜻한다.

齒牙(치아) : 이를 점잖게 이르는 말
齒科(치과) : 이와 그 지지 조직 및 구강의 생리·병리·치료 기술 따위를 연구하는 학문
*牙 어금니 아 *科 조목 과

선정한자 풀이

則 법칙 **칙**
- 부 刀 획 9
- 貝(조개 패)와 刂(칼 도)가 합쳐진 글자이다. 재물(貝)을 나누려면(刂) 반드시 일정한 원칙이 필요하다. 따라서 '법칙' 이라는 뜻이다.

規則(규칙) : 여러 사람이 다 같이 지키기로 작정한 법칙, 또는 제정된 질서
法則(법칙) : 반드시 지켜야만 하는 규범
*規 법 규 *法 법 법

針 바늘, 침 **침**
- 부 金 획 10 동 鍼
- 金(쇠 금)과 十(열 십)이 합쳐진 글자이다. 쇠(金)로 만든 바늘(丨)에 가로 실(一)을 꿰니 十자형이 된 것이다.

針葉樹(침엽수) : 잎이 침엽으로 된 겉씨식물
分針(분침) : 시계에서 분을 가리키는 긴 바늘
*葉 잎 엽 *樹 나무 수 *針 바늘 침

快 쾌할 **쾌**
- 부 忄 획 7
- 忄(마음 심)과 夬(터놓을 쾌)가 합쳐진 글자이다. 마음(忄)이 활짝 트인 것이니(夬) '쾌하다' 는 뜻이다.

快活(쾌활) : 명랑하고 활발함
愉快(유쾌) : 즐겁고 상쾌함
*活 살 활 *愉 즐거울 유

他 다를 **타** 준4급
- 부 人 획 5
- 亻(사람 인)과 也(어조사 야)가 합쳐진 글자이다. 也는 뱀이 머리를 들고 있는 모양을 나타낸 것인데, 뱀(也)과 사람(亻)은 완전히 '다르다' 는 뜻이다.

他國(타국) : 자기 나라가 아닌 남의 나라
他人(타인) : 다른 사람
他鄕(타향) : 자기 고향이 아닌 고장
*國 나라 국 *人 사람 인 *鄕 시골 향

打 칠 **타** 준4급
- 부 手 획 5
- 扌(손 수)와 丁(못 정)이 합쳐진 글자이다. 손(扌)으로 못(丁)을 쳐서 박는다는 데서 '치다' 는 뜻이 되었다.

打樂器(타악기) : 두드려서 소리를 내는 악기를 이르는 말
連打(연타) : 계속하여 때리거나 침
*樂 풍류 악 *器 그릇 기 *連 이을 련

脫 벗을 **탈**
- 부 肉 획 11
- 月(고기 육)과 兌(바꿀 태)가 합쳐진 글자이다. 벌레는 허물을 벗고 몸(月)을 바꾼다(兌). 따라서 '바꾸다' 는 뜻이다.

脫出(탈출) : 어떤 상황이나 구속 따위에서 빠져나옴
脫皮(탈피) : 1. 껍질이나 가죽을 벗김
2. 일정한 상태나 처지에서 완전히 벗어남
*出 날 출 *皮 가죽 피

선정한자 풀이

探 찾을 탐
부 手   획 11
扌(손 수)와 罙(깊을 심)이 합쳐진 글자이다. 손(扌)을 깊이(罙) 넣어 무언가를 '찾는다' 는 뜻이다.

探求(탐구) : 필요한 것을 조사하여 찾아내거나 얻어 냄
探問(탐문) : 알려지지 않은 사실이나 소식 따위를 알아내기 위하여 더듬어 찾아 물음
*求 구할 구 *問 물을 문

宅 집 택
부 宀   획 6   준4급
宀(집 면)과 托(맡길 탁)의 획줄인 자가 합쳐진 글자이다. 사람이 눈비를 피해 집(宀)에 몸을 맡기고(托) 살아가는 것을 나타낸 글자로 '집' 을 뜻한다.

自宅(자택) : 자기 집
住宅(주택) : 사람이 들어가 살 수 있게 지은 건물
*自 스스로 자 *住 살 주

統 거느릴, 다스릴 통
부 糸   획 12   준4급
糸(실 사)와 充(채울 충)이 합쳐진 글자이다. 여러 실(糸)오리를 한 손에 채워(充) 쥐고 '거느린다' 는 뜻이다.

傳統(전통) : 어떤 집단이나 공동체에서 지난 시대에 이미 이루어져 계통을 이루며 전하여 내려오는 사상, 관습, 행동 따위
血統(혈통) : 같은 핏줄의 계통
*傳 전할 전 *血 피 혈

退 물러날 퇴
부 辵   획 10
艮(그칠 간)과 辶(갈 착)이 합쳐진 글자이다. 자기 영토를 넘어 남의 나라를 침범했다가 자기 땅이 그쳐지는(艮) 곳으로 다시 가는(辶) 것이니, 즉 '물러간다' 는 뜻이다.

退却(퇴각) : 뒤로 물러감
後退(후퇴) : 1. 뒤로 물러남
           2. 발전하지 못하고 기운이 약해짐
*却 물리칠 각 *後 뒤 후

特 특별할 특
부 牛   획 10   준4급
牛(소 우)와 寺(관청 시)가 합쳐진 글자이다. 옛날 관청(寺)에서 제사를 지낼 때 사용되는 황소(牛)는 매우 우수한 것이었다. 따라서 '특별하다' 는 뜻이 되었다.

特別(특별) : 보통과 구별되게 다름
特色(특색) : 보통의 것과 다른 점
*別 나눌 별 *色 빛 색

波 물결 파
부 水   획 8
氵(물 수)와 皮(가죽 피)가 합쳐진 글자이다. 동물에게 가죽이 있듯 물(水)에게도 겉가죽(皮)이 있다면 그것은 水面(수면)일 것이다. 수면이 움직여 만들어내는 것이 '물결' 이다.

波濤(파도) : 바다에 이는 물결
人波(인파) : 수많은 사람을 이르는 말
*濤 큰물결 도 *人 사람 인

선정한자 풀이

判 판단할 판
부 刀 획 7

半(반 반)과 刂(칼 도)가 합쳐진 글자이다. 물건을 칼(刂)을 이용해 반(半)으로 쪼개 보듯이 모든 일의 시비를 분명히 가려 '판단한다'는 뜻이다.

判明(판명) : 어떤 사실을 판단하여 명백하게 밝힘
決判(결판) : 옳고 그름이나 이기고 짐에 대한 최후판정을 내림
*明 밝을 명 *決 결단할 결

敗 패할, 질 패
부 攵 획 11 준4급

貝(조개 패)와 攵(칠 복)이 합쳐진 글자이다. 원래는 재물(貝)을 쳐서(攵) 부수다는 뜻이었는데, 나중에 적과 싸워 '무너지다' 또는 '패하다'는 뜻이 되었다.

敗者(패자) : 싸움이나 경기에 진 사람, 또는 그런 단체
失敗(실패) : 일을 잘못하여 뜻한 대로 되지 아니하거나 그르침
*者 놈 자 *失 잃을 실

片 조각 편
부 片 획 4

나무를 반으로 쪼갠 것 중 오른쪽 반의 모양을 본뜬 글자이다.

斷片(단편) : 끊어지거나 쪼개진 조각
破片(파편) : 깨어지거나 부서진 조각
*斷 끊을 단 *破 깨뜨릴 파

布 베, 펼 포
부 巾 획 5

원래는 父(아비 부)와 巾(수건 건)이 합쳐진 글자였다. 아버지(父)가 아들을 매로 다스리듯 천(巾)을 잘 다스린다는 뜻이고, 천 중에서도 잘 다스려진(가공이 잘된) '베'를 뜻하게 되었다.

布木(포목) : 베와 무명을 아울러 이르는 말
毛布(모포) : 털 따위로 짜서 깔거나 덮을 수 있도록 만든 요
*木 나무 목 *毛 털 모

暴 사나울, 드러낼 폭(포)
부 日 획 15

日(날, 해 일)과 共(함께 공)과 氺(물 수)가 합쳐진 글자이다. 물(氺)에서 잡은 고기를 함께(共) 놓고 햇빛(日)에 말리니 물속에 숨어있던 고기들이 햇볕에 모습을 '드러내다'는 뜻이다.

暴露(폭로) : 알려지지 않거나 감춰져 있던 사실을 드러냄
暴雨(폭우) : 갑자기 세차게 쏟아지는 비
暴惡(포악) : 사납고 악함
*露 이슬 로 *雨 비 우 *惡 악할 악

必 반드시 필
부 心 획 5 준4급

弋(주살, 말뚝 익)과 八(여덟, 나눌 팔)이 합쳐진 글자이다. 땅을 나눌(八) 때 경계를 짓기 위해서는 말뚝(弋)을 꼭 박아놓아야 한다. 따라서 '반드시'라는 뜻이 되었다.

必修(필수) : 반드시 학습하거나 이수하여야 함
必然(필연) : 사물의 관련이나 일의 결과가 반드시 그렇게 됨
*修 닦을 수 *然 그러할 연

선정한자 풀이

筆 붓 **필**
- 부 竹 획 12
- 竹(대 죽)과 聿(붓 율)이 합쳐진 글자이다. 본래는 聿이 '붓'을 나타내는 글자였는데, 붓의 자루 부위를 보통 대나무로 만들기 때문에 竹(대 죽)을 덧붙여 쓰게 되었다. '붓' 또는 '글씨'란 뜻이다.

名筆(명필) : 매우 잘 쓴 글씨
自筆(자필) : 자기가 직접 글씨를 씀, 또는 그 글씨
*名 이름 명 *自 스스로 자

河 물 **하**
- 부 水 획 8 준4급
- 氵(물 수)와 可(옳을 가)가 합쳐진 글자이다. 원래는 중국의 큰 강인 황하(黃河)강의 이름이었다. 나중에 가(可)히 큰 냇물이라고 할 수 있는 '강'을 아울러 부르는 말이 되었다.

河口(하구) : 강물이 바다로 흘러 들어가는 어귀
河川(하천) : 강과 시내를 아울러 이르는 말
*口 입 구 *川 내 천

寒 찰 **한**
- 부 宀 획 12 준4급
- 寒(틈 하)와 冫(얼음 빙)이 합쳐진 글자이다. 굴을 파서 만든 움집은 틈(寒)이 많아 얼음(冫) 같이 찬 바람이 세어 들어온다. 때문에 '차다'는 뜻이 되었다.

寒流(한류) : 온도가 비교적 낮은 해류
寒波(한파) : 겨울철에 기온이 갑자기 내려가는 현상
*流 흐를 류 *波 물결 파

限 한정, 끝 **한**
- 부 阜 획 9
- 阝(언덕 부)와 艮(그칠 간)이 합쳐진 글자이다. 언덕(阝) 끝(艮) 낭떠러지까지 물러났으니 더 갈 곳이 없다는 데서 '한정되다'는 뜻이 되었다.

限度(한도) : 한정된 정도
限定(한정) : 수량이나 범위 따위를 제한하여 정함, 또는 그런 한도
*度 법도 도 *定 정할 정

解 풀 **해**
- 부 角 획 13
- 角(뿔 각)과 刀(칼 도)와 牛(소 우)가 어우러진 글자이다. 칼(刀)로 소(牛)의 뿔(角)까지 모두 잘라 풀어내어 해부하면 생명체의 비밀을 풀 수 있다. 이처럼 '풀다'는 뜻이다.

解決(해결) : 제기된 문제를 해명하거나 얽힌 일을 잘 처리함
解答(해답) : 질문이나 의문을 풀이함, 또는 그런 것
*決 결단할 결 *答 대답 답

害 해칠, 해로울 **해**
- 부 宀 획 10 준4급
- 宀(집 면)와 丰(풀이나서산란할 개)와 口(입 구)가 합쳐진 글자이다. 집(宀)을 산란하게, 즉 어지럽게(丰) 만드는 말(口)을 하면 가정에 '해롭다'는 뜻이다.

害惡(해악) : 1. 해로움과 악함
          2. 해가 되는 나쁜 일
害蟲(해충) : 인간에게 해를 끼치는 벌레를 통틀어 이르는 말
*惡 악할 악 *蟲 벌레 충

선정한자 풀이

鄕
부 邑 **획** 13
시골, 마을 **향**

邦(골목 항)과 皀(밥 고소할 흡)이 어우러진 글자이다. 골목(邦) 사람들끼리 밥(皀)을 가운데 놓고 둘러 앉아 식사를 하는 모습은 정겨운 시골 풍경이다. 따라서 '시골'이란 뜻이다.

鄕村(향촌) : 시골의 마을
故鄕(고향) : 자기가 태어나서 자란 곳
*村 마을 촌 *故 옛 고

香
부 香 **획** 9 준4급
향기 **향**

禾(벼 화)와 甘(달 감)의 변형자가 합쳐진 글자이다. 벼(禾)로 지은 쌀밥은 입맛을 돋우는 고소한(甘) 냄새를 풍긴다. 따라서 '향기롭다'는 뜻이 되었다.

香氣(향기) : 꽃, 향, 향수 따위에서 나는 좋은 냄새
香水(향수) : 향료를 알코올 따위에 풀어 만든 액체 화장품의 하나
*氣 기운 기 *水 물 수

許
부 言 **획** 11 준4급
허락할 **허**

言(말씀 언)과 午(낮 오)가 합쳐진 글자이다. 어떤 부탁을 받았을 때 낮(午)처럼 밝고 좋게 말(言)하는 것은 그것을 '허락한' 것이란 뜻이다.

許諾(허락) : 청하는 일을 들어줌
許容(허용) : 허락하여 너그럽게 받아들임
*諾 허락할 낙 *容 얼굴 용

現
부 玉 **획** 11 준4급
나타날 **현**

玉(구슬 옥)과 見(볼 견)이 합쳐진 글자이다. 옥(玉)을 보고 또 보면서(見) 갈고 닦으면 아름다운 광채가 '나타난다'는 뜻이다.

現象(현상) : 인간이 지각할 수 있는, 사물의 모양과 상태
出現(출현) : 나타나거나 또는 나타나서 보임
*象 코끼리, 형상 상 *出 날 출

協
부 十 **획** 8
도울 **협**

十(열 십)과 劦(힘합할 협)이 합쳐진 글자이다. 여러(十) 힘을 합하여(劦) 서로 '돕는다'는 뜻이다.

協力(협력) : 힘을 합하여 서로 도움
妥協(타협) : 어떤 일을 서로 양보하여 협의함
*力 힘 력 *妥 온당할 타

惠
부 心 **획** 12
은혜 **혜**

叀(삼갈 전)과 心(마음 심)이 합쳐진 글자이다. 언행을 삼가고(叀) 마음(心)을 베푸는 것이니, 즉 '은혜'를 베푼다는 뜻이 되었다.

恩惠(은혜) : 고맙게 베풀어 주는 신세나 혜택
慈惠(자혜) : 자애롭게 베푸는 은혜
*恩 은혜 은 *慈 사랑할 자

4급 선정한자 풀이

선정한자 풀이

呼 부를 호
- 부 口 획 8
- 口(입 구)와 乎(어조사 호)가 합쳐진 글자이다. 입(口)으로 소리내어 '부른다'는 뜻이다. 乎는 발음을 표현하기 위해 쓰였다.

呼稱(호칭) : 이름 지어 부름, 또는 그 이름
呼應(호응) : 부름에 응답한다는 뜻으로, 부름이나 호소 따위에 대답하거나 응함
*稱 일컬을 칭 *應 응할 응

好 좋을 호
- 부 女 획 6 준4급
- 女(여자 녀)와 子(아들 자)가 합쳐진 글자이다. 어머니(女)가 아이(子)를 안고 '좋아한다'는 뜻이다.

好惡(호오) : 좋음과 싫음
嗜好(기호) : 즐기고 좋아함
*惡 미워할 오 *嗜 즐길 기

戶 지게문, 집 호
- 부 戶 획 4
- 외짝문(지게문)이 있는 집을 본뜬 글자이다.

戶數(호수) : 1. 집의 수효
           2. 호적상의 家戶(가호) 수
戶主(호주) : 한 집안의 주장이 되는 사람
*數 셀 수 *主 주인 주

湖 호수 호
- 부 水 획 12 준4급
- 氵(물 수)와 胡(클 호)가 합쳐진 글자이다. 연못보다 큰(胡) 물(氵)은 '호수'라는 뜻이다.

湖水(호수) : 땅이 우묵하게 들어가 물이 괴어 있는 곳
江湖(강호) : 1. 강과 호수
           2. 自然(자연), 넓은 세상
*水 물 수 *江 강 강

婚 혼인할 혼
- 부 女 획 11
- 女(여자 녀)와 昏(저물 혼)이 합쳐진 글자이다. 옛날에는 결혼이 정해지면 신랑이 해가 저물(昏) 무렵 신부(女)의 집에 가서 부부의 연을 맺었다. 따라서 '혼인하다'는 뜻이 되었다.

婚姻(혼인) : 남자와 여자가 부부가 되는 일
結婚(결혼) : 남녀가 정식으로 부부 관계를 맺음
*姻 혼인 인 *結 맺을 결

畫 그림 화
- 부 田 획 13 준4급
- 聿(붓 율)과 田(밭 전)과 一(한 일)이 합쳐진 글자이다. 어디서부터 어디까지가 자신의 밭인지, 밭(田)의 경계(一)를 종이 위에 붓(聿)으로 표시한다는 데서, 그림 '그리다'는 뜻이 되었다.

畫家(화가) : 그림 그리는 것을 직업으로 하는 사람
圖畫(도화) : 도안과 그림을 아울러 이르는 말
*家 집 가 *圖 그림 도

선정한자 풀이

化 될, 변화할 **화**
부 匕 획 4 준4급
亻(사람 인)과 匕(거꾸로 선 사람 인)이 합쳐진 글자이다. 사람(亻)이 거꾸러지니(匕) 죽는다는 것이고, 죽음을 눈앞에 두면 심경에 변화를 겪게 되므로 사람이 '변화한다'는 뜻이다.

變化(변화) : 사물의 성질, 모양, 상태 따위가 바뀌어 달라짐
造化(조화) : 만물을 낳고 자라게 하고 죽게 하는 大自然(대자연)의 理致(이치)
*變 변할 변 *造 지을 조

貨 재화, 재물 **화**
부 貝 획 11 준4급
化(될 화)와 貝(조개, 돈 패)가 합쳐진 글자이다. 돈(貝)으로 바꿀(化) 수 있는 물품이라는 데서 '재화', '재물'이란 뜻이 되었다.

貨幣(화폐) : 상품 교환 가치의 척도가 되며 그것의 교환을 매개하는 일반화된 수단
財貨(재화) : 사람이 바라는 바를 충족시켜 주는 모든 물건
〈유의어〉財物(재물)
*幣 비단 폐 *財 재물 재

患 근심 **환**
부 心 획 11 준4급
串(꼬챙이 곶)과 心(마음 심)이 합쳐진 글자이다. 꼬챙이(串)로 찌르는 것 같이 마음(心)이 아프다는 데서 '근심'이라는 뜻이 되었다.

患者(환자) : 병들거나 다쳐서 치료를 받아야 할 사람
病患(병환) : 病(병)의 높임말
*者 놈 자 *病 병 병

回 돌 **회**
부 口 획 6 준4급
물이 회전하는 것을 본뜬 글자로 '돌다'는 뜻이다.

回答(회답) : 물음이나 편지 따위에 반응함, 또는 그런 반응
回復(회복) : 원래의 상태로 돌이키거나 원래의 상태를 되찾음
*答 대답 답 *復 돌아올 복

效 본받을, 효력 **효**
부 攴 획 10 준4급
交(사귈 교)와 攵(칠 복)이 합쳐진 글자이다. 어질고 학식이 있는 사람을 사귀도록(交) 타일러서(攵) 좋은 점을 본받도록 함을 나타낸 것이다. 따라서 '본받다'는 뜻이 되었다.

效果(효과) : 어떤 목적을 지닌 행위에 의하여 드러나는 보람이나 좋은 결과
效能(효능) : 효험을 나타내는 능력
*果 실과 과 *能 능할 능

訓 가르칠 **훈**
부 言 획 10 준4급
言(말씀 언)과 川(내 천)이 합쳐진 글자이다. 냇물(川)이 흐르듯 순리의 흐름을 말(言)로 설명하여 깨우쳐 줌을 나타낸 것이다. 따라서 '가르치다'는 뜻이 되었다.

家訓(가훈) : 한 집안의 조상이나 어른이 자손들에게 일러 주는 가르침
校訓(교훈) : 앞으로의 행동이나 생활에 지침이 될 만한 가르침
*家 집 가 *敎 가르칠 교

선정한자 풀이

부 凵 **획** 4 **동** 兇 *준4급*

凶
흉할 **흉**

凵(입벌릴 감)과 乂(교차할 오)를 합친 글자이다. 함정(凵)에 빠졌으니(乂) 운수가 나쁘다는 데서 '흉하다'는 뜻이 되었다.

凶家(흉가) : 사는 사람마다 흉한 일을 당하는 불길한 집
凶年(흉년) : 농작물이 예년에 비하여 잘되지 아니하여 굶주리게 된 해
*家 집 가 *年 해 년

부 黑 **획** 12 *준4급*

黑
검을 **흑**

囧(구멍 창)과 炎(불꽃 염)의 변형자가 합쳐진 글자이다. 불(炎)을 때면 굴뚝 구멍(囧)이 그을려 검게 된다는 데서 '검다'는 뜻이 되었다.

黑白(흑백) : 검은색과 흰색을 아울러 이르는 말
黑點(흑점) : 검은 점
*白 흰 백 *點 점 점

부 臼 **획** 16

興
일어날 **흥**

同(한가지 동)과 舁(마주들 여)가 합쳐진 글자이다. 두 손을 마주 들어서(舁) 같이(同) 힘을 쓰니 일이 잘됨을 나타낸 것이다. 따라서 일이 '흥하다', '일어나다'는 뜻이다.

興味(흥미) : 흥을 느끼는 재미
興亡(흥망) : 잘되어 일어남과 못되어 없어짐
*味 맛 미 *亡 망할 망

부 巾 **획** 7

希
바랄 **희**

乂(벨 예)와 布(베 포)가 합쳐진 글자이다. 베(布)를 다스려(乂)서 의복을 잘 만들기를 '바란다'는 뜻이다.

希求(희구) : 바라고 구함
希望(희망) : 앞일에 대하여 어떤 기대를 가지고 바람
*求 구할 구 *望 바랄 망

3 기타 출제유형 익히기

▶ 준4급 교과서한자어 풀이   ▶ 4급 교과서한자어 풀이
▶ 필수 한자성어

교과서한자어 풀이

준4급 교과서한자어 풀이

假想 가상
[거짓 가 생각 상]
실재가 아니나 있다고 생각함

干拓 간척
[방패 간 넓힐 척]
호수나 바닷가에 둑을 쌓아 그 안의 물을 빼고 농경지로 만드는 일

葛藤 갈등
[칡 갈 등나무 등]
1. 견해, 주장, 이해 등이 뒤엉킨 복잡한 상태
2. 서로 다른 두 가지의 욕구가 충돌하는 상태

檢事 검사
[검사할 검 일 사]
형사사건의 원고로 법률의 적용을 청구하고 형벌의 집행을 감독함

儉素 검소
[검소할 검 흴 소]
꾸밈이 없이 수수함

揭示板 게시판
[들 게 보일 시 판 판]
여러 사람에게 알리는 글, 그림, 사진 등을 내걸어 보게 하는 판

結晶 결정
[맺을 결 밝을 정]
물질을 이루고 있는 입자들이 규칙적인 모양으로 배열된 상태

競爭 경쟁
[다툴 경 다툴 쟁]
서로 앞서거나 이기려고 다툼

經驗 경험
[날실 경 시험 험]
실제로 보고 듣고 겪는 일

考證學 고증학
[상고할 고 증거 증 배울 학]
옛 문헌에서 확실한 증거를 찾아 실증적으로 연구하려고 하였던 학문

空名帖 공명첩
[빌 공 이름 명 표제 첩]
이름 쓰는 난이 비어 있는 관직 임명장

恐慌 공황
[두려울 공 절박할 황]
자본주의 경제에서 과잉 생산으로 시장의 수요 공급이 급격하게 붕괴되어 나타나는 경제 침체 현상

科擧 과거
[조목 과 들 거]
벼슬아치를 뽑기 위하여 보던 시험

誇張 과장
[자랑할 과 베풀 장]
사실보다 지나치게 떠벌려 나타냄

官僚制 관료제
[벼슬 관 동료 료 법도 제]
특권을 가지고 있는 관리가 권력을 쥐고 있는 지배 구조

慣性 관성
[버릇 관 성품 성]
물체가 순간의 상태를 계속 유지하려는 물체의 속성

寬容 관용
[너그러울 관 얼굴 용]
남이 잘못을 저질렀을 때 그것을 너그럽게 용서하거나 자신과 의견을 달리하는 사람들을 너그럽게 받아들이는 것

교과서한자어 풀이

拘束令狀 구속영장
[묶을 구 묶을 속 명령 령 문서 장]
피의자나 피고인을 일정한 장소에 잡아 갈 수 있는 명령을 적은 문서

國粹主義 국수주의
[나라 국 순수할 수 주인 주 뜻 의]
자기 나라의 전통적 특수성만을 우수한 것으로 믿는 배타적이고 보수적인 주의

均田制 균전제
[고를 균 밭 전 제도 제]
토지를 균등하게 분배한다는 뜻으로 중국 고대의 중요한 토지 제도 중 하나.

極冠 극관
[다할 극 관 관]
화성의 양극 지방에 보이는 흰 곳

根據 근거
[뿌리 근 의거할 거]
어떤 의견의 이유나 바탕이 되는 것

金融實名制 금융실명제
[쇠 금 화할 융 열매 실 이름 명 법도 제]
은행 예금, 주식 매매 등 모든 종류의 금융 거래를 실제의 이름으로 하도록 의무화하는 제도

肯定的 긍정적
[즐길 긍 정할 정 과녁 적]
어떤 사실이나 생각 따위를 그렇다고 인정하는 것

矜持 긍지
[자랑할 긍 가질 지]
자신의 재능이나 능력 따위를 믿음으로써 가지는 자랑

氣孔 기공
[기운 기 구멍 공]
잎의 표피에 있는 구멍으로 공기가 드나드는 통로

起訴 기소
[일어날 기 하소연할 소]
1. 소송을 일으킴
2. 형사 사건에서 검사가 법원에 공소를 제기함

機智 기지
[틀 기 슬기 지]
그때그때의 상황에 따라서 재빨리 발휘되는 재치

嗜好作物 기호작물
[즐길 기 좋을 호 지을 작 물건 물]
향기나 맛이나 자극을 즐기기 위한 기호품의 원료를 수확하기 위하여 재배하는 농작물

懶怠 나태
[게으를 라 게으를 태]
게으르고 느림

納稅 납세
[바칠 납 세금 세]
세금을 냄

冷却 냉각
[찰 랭 물리칠 각]
식혀서 차게 함

濃度 농도
[짙을 농 법도 도]
용액의 묽고 진한 정도

多元社會 다원사회
[많을 다 으뜸 원 모일 사 모일 회]
개인이나 여러 집단이 기본으로 삼는 원칙이나 목적이 서로 다를 수 있음을 인정하는 사회

臺本 대본
[대 대 근본 본]
연극이나 영화 등의 대사, 동작, 무대장치 등을 자세히 적어 제작의 기본이 되는 글

帶電 대전
[띠 대 전기 전]
1. 전자들의 이동으로 균형이 깨져 물체가 (+)전하나 (−)전하를 띠는 현상
2. 물체가 전기를 띠는 것

大衆媒體 대중매체
[큰 대 무리 중 중매 매 몸 체]
대량의 정보, 지식 등을 넓은 지역의 많은 사람에게 전달하는 매체로서 신문, 잡지, 라디오, 영화, 텔레비전 따위를 이름

기타 출제유형 익히기 **105**

교과서한자어 풀이

導體 도체
[이끌 도 몸 체]
전기저항이 작아서 전류가 잘 흐르는 물체

摩擦力 마찰력
[갈 마 비빌 찰 힘 력]
접촉면에서 물체의 운동을 방해하는 힘

幕府 막부
[막 막 관청 부]
(일본역사에서) 쇼군의 본부 진영이 설치된 곳, 또는 그 곳을 중심으로 하는 무사 정권

萬有引力 만유인력
[일만 만 있을 유 끌 인 힘 력]
모든 물체 사이에 작용하는 힘

免疫 면역
[면할 면 염병 역]
생물이 항원의 공격에 저항하는 능력

模倣 모방
[법 모 본뜰 방]
흉내냄

描寫 묘사
[그릴 묘 베낄 사]
눈으로 보거나 마음으로 느낀 것 등을 객관적으로 표현함

民譚 민담
[백성 민 이야기 담]
뚜렷한 시대적 배경이나 무대가 없는, 평범한 인물의 흥미로운 체험 따위가 주된 내용인 설화의 한 종류

民事裁判 민사재판
[백성 민 일 사 마를 재 판가름할 판]
개인간의 권리의 다툼이 있는 경우에 당사자가 소송을 제기하여 진행되는 재판

密度 밀도
[빽빽할 밀 법도 도]
물질의 질량을 부피로 나눈 값

反射 반사
[돌이킬 반 쏠 사]
자극에 대하여 무의식적으로 일어나는 신체의 반응

反映 반영
[돌이킬 반 비출 영]
어떤 영향이 다른 것에 미쳐 나타남

放縱 방종
[놓을 방 늘어질 종]
규범이나 규율을 무시하거나 절제함이 없이 제멋대로 행동하는 상태에 있는 것

背景 배경
[등 배 볕 경]
1. 뒤쪽의 경치, 또는 무대 장치
2. 작품의 시대적·역사적인 환경
3. 뒤에서 돌보아 주는 힘

配慮 배려
[짝 배 생각할 려]
여러모로 자상하게 마음을 씀

排他主義 배타주의
[밀칠 배 다를 타 주인 주 뜻 의]
다른 사람이나 다른 사상·생각 따위를 배척하여 받아들이려 하지 않는 사상 경향

普通選擧 보통선거
[널리 보 통할 통 가릴 선 들 거]
모든 성인에게 제한을 두지 않고 선거권과 피선거권을 주는 제도

封建制度 봉건제도
[봉할 봉 세울 건 제도 제 법도 도]
영주가 가신에게 영토를 주고, 그 대신에 군역의 의무를 부과하는 주종관계를 기본으로 하는 제도

副都心 부도심
[버금 부 도읍 도 마음 심]
대도시에서 도심과는 따로 형성되어 도심의 기능을 분담하고 있는 업무·상업상의 번화가

否定的 부정적
[아닐 부 정할 정 과녁 적]
그렇지 않다고 하는 뜻을 갖는 것

교과서 한자어 풀이

分析 분석
[나눌 분 가를 석]
복합된 사물을 그 요소나 성질에 따라서 가르는 일

不飽和 불포화
[아니 불 배부를 포 화할 회]
포화 용액일 때보다 용질이 적게 녹아 있는 상태

朋黨 붕당
[벗 붕 무리 당]
뜻이 같은 사람끼리 모인 단체

卑俗語 비속어
[낮을 비 풍속 속 말씀 어]
격이 낮고 속된 말

比喩 비유
[견줄 비 깨우칠 유]
어떤 사물을 효과적으로 표현하기 위하여 그것과 비슷한 다른 사물에 빗대어 표현함

貧富隔差 빈부격차
[가난할 빈 부자 부 사이뜰 격 어긋날 치]
부자와 가난한 사람의 재산 차이

司法府 사법부
[맡을 사 법 법 관청 부]
삼권분립에 따라 사법권을 행사하는 법원

私法 사법
[사사로울 사 법 법]
민법, 상법 등 개인의 의무나 권리에 대하여 규정한 법률

思想 사상
[생각 사 생각 상]
사고 작용의 결과로 얻어진 체계적 의식 내용

辭典 사전
[말씀 사 법 전]
낱말을 모아 일정한 순서로 배열하여 해설한 책

山脈 산맥
[메 산 맥 맥]
많은 산들이 길게 이어져 줄기 모양을 하고 있는 산지

散策 산책
[흩을 산 채찍 책]
가벼운 기분으로 이리저리 걷는 것

常識 상식
[항상 상 알 식]
보통 사람이 가지고 있을 일반적인 지식이나 판단력

生長點 생장점
[날 생 길 장 점 점]
뿌리나 줄기의 끝 부분에 있으며, 세포 분열을 하여 뿌리나 줄기가 길게 자라게 하는 곳

星團 성단
[별 성 둥글 단]
수많은 별들이 모여 있는 별들의 집단

勢道政治 세도정치
[권세 세 길 도 정사 정 다스릴 치]
조선 정조 이후 왕실과 혼인 관계를 맺은 몇몇 가문이 권력을 독점하던 정치

消費 소비
[쓸 소 쓸 비]
돈이나 물건, 시간, 노력 따위를 써 없앰

疏通 소통
[트일 소 통할 통]
막히지 않고 잘 통함

需要 수요
[구할 수 구할 요]
필요한 상품을 얻고자 하는 일

受精 수정
[받을 수 정기 정]
동식물의 암수 생식 기관에서 만들어진 각각의 생식 세포가 서로 결합하는 현상

교과서한자어 풀이

隨筆 수필
[따를 수 붓 필]
자신의 생각이나 느낌을 형식에 제한 없이 자유롭게 쓴 산문 문학의 한 가지

殉葬 순장
[따라죽을 순 장사지낼 장]
지배 계급의 인물이 죽었을 때에 부인, 신하, 노비 등을 함께 묻는 장례법

褶曲 습곡
[주름 습 굽을 곡]
지층이 양쪽에서 미는 힘을 받아 구부러진 지질 구조

施設作物 시설작물
[베풀 시 베풀 설 지을 작 물건 물]
온실, 비닐하우스, 수경 시설 등을 이용하여 재배하는 작물

心象 심상
[마음 심 코끼리, 형상 상]
시어를 통해 마음 속에 상상되는 모습이나 느낌

液化 액화
[진 액 될 화]
기체가 액체로 변하는 현상

旅程 여정
[나그네 려 길 정]
여행의 일정

連帶 연대
[이을 련 띠 대]
두 사람 이상이 함께 무슨 일을 하거나 책임을 지는 일

汚染 오염
[더러울 오 물들일 염]
더러워짐

倭亂 왜란
[왜나라 왜 어지러울 란]
왜인들이 일으킨 난리

慾心 욕심
[욕심 욕 마음 심]
무엇을 지나치게 탐내거나 누리고 싶어하는 마음

溶解 용해
[질펀히 흐를 용 풀 해]
어떤 물질이 다른 물질에 고르게 섞이는 현상

寓話 우화
[머무를 우 이야기 화]
교훈적, 풍자적인 내용을 동식물 등에 빗대어 엮은 이야기

月蝕 월식
[달 월 좀먹을 식]
달이 지구의 그림자 속에 들어가서 보이지 않는 현상

衛星都市 위성도시
[지킬 위 별 성 도읍 도 저자 시]
대도시 주변에 발달하여 대도시와 밀접한 관계를 맺고, 그 기능의 일부를 분담하고 있는 중소도시

維新 유신
[맬 유 새로울 신]
제도나 체제를 새롭게 고침

隱語 은어
[숨길 은 말씀 어]
특수한 집단이나 계층 또는 사회에서 남이 모르게 자기네끼리만 쓰는 말

音韻 음운
[소리 음 운 운]
말의 뜻을 구별해 주는 소리의 가장 작은 단위

匿名性 익명성
[숨을 닉 이름 명 성품 성]
본인의 이름이 드러나지 않는 성질

忍耐 인내
[참을 인 견딜 내]
참고 견딤

교과서한자어 풀이

慈悲 자비
[사랑 자 슬플 비]
사랑하고 가엽게 여기는 마음

自律 자율
[스스로 자 법률]
스스로의 의지로 자신의 행동을 조절함

莊園 장원
[풀 성할 장 동산 원]
서양 중세 봉건사회에서 귀족이나 승려, 교회 등에 의해 이루어졌던 토지 소유의 한 형태

在宅勤務 재택근무
[있을 재 집 택 부지런할 근 힘쓸 무]
회사에 나가지 않고 집에서 업무를 처리함

抵抗 저항
[거스를 저 막을 항]
도선에 흐르는 전류의 세기가 각종 전기 기구나 도선에 의해 받게 되는 방해

專制政治 전제정치
[오로지 전 제도 제 정사 정 다스릴 치]
한 개인이나 특정 계급이 그들만의 의사대로 나라를 다스리는 일

絶對王政 절대왕정
[끊을 절 대답할 대 임금 왕 정사 정]
왕이 절대적인 권력을 잡고 국민을 지배, 통치하는 정치 형태

情緒 정서
[뜻 정 실마리 서]
어떤 일을 경험하거나 생각할 때에 일어나는 갖가지 감정

帝國主義 제국주의
[임금 제 나라 국 주인 주 뜻 의]
남의 나라나 민족을 정복하여 자기 나라의 영토와 권력을 넓히려는 주의

祭政一致 제정일치
[제사 제 정사 정 한 일 이룰 치]
제사와 정치가 일치하는 정치형태나 사상

潮境水域 조경수역
[조수 조 지경 경 물 수 지경 역]
한류와 난류가 만나는 바다

條約 조약
[가지 조 맺을 약]
(국제상의 권리나 의무에 관한) 문서에 의한 국가간의 합의

尊嚴 존엄
[높을 존 엄할 엄]
높고 엄숙함

遵法精神 준법정신
[좇을 준 법 법 정기 정 귀신 신]
법을 올바로 지키는 정신

中繼貿易 중계무역
[가운데 중 이을 계 무역할 무 바꿀 역]
외국에서 수입한 물자를 그대로, 또는 약간 가공하여 재수출하는 형태의 무역

中華思想 중화사상
[가운데 중 빛날 화 생각 사 생각 상]
(중국의) 한족이 우수한 민족이며, 중국이 세계의 중심이라는 사상

蒸散作用 증산작용
[찔 증 흩을 산 지을 작 쓸 용]
식물체 내의 물이 수증기가 되어 기공을 통하여 배출되는 현상

地球溫暖化 지구온난화
[땅 지 공 구 따뜻할 온 따뜻할 난 될 화]
대기오염으로 인하여 지구 전체의 온도가 올라가는 현상

志操 지조
[뜻 지 잡을 조]
곧은 뜻과 굳은 마음

質量 질량
[바탕 질 헤아릴 량]
어디에서나 변하지 않고, 중력으로 측정될 수 있는 고유한 양

교과서한자어 풀이

參政權 참정권
[참여할 참 정사 정 권세 권]
국민이 국정에 직접 또는 간접으로 참여할 권리

責任 책임
[꾸짖을 책 맡길 임]
1. 맡아서 해야할 임무나 의무
2. 법적으로 행위의 결과에 따른 손실이나 제재를 떠맡는 일

淸廉 청렴
[맑을 청 청렴할 렴]
마음이 고결하고 재물 욕심이 없음

追憶 추억
[쫓을 추 생각 억]
지나간 일을 돌이켜 생각함

推薦 추천
[옳을 추 천거할 천]
좋거나 알맞다고 생각하는 것을 남에게 권유함

抽出 추출
[뺄 추 날 출]
어느 한 성분만을 녹일 수 있는 용매를 사용하여 혼합물을 분리해 내는 방법

趣味 취미
[취미 취 맛 미]
재미로 좋아하는 일

妥協 타협
[온당할 타 도울 협]
두 편이 서로 좋도록 협의함

討論 토론
[칠 토 논할 론]
어떤 문제를 두고, 여러 사람이 의견을 말하여 옳고 그름을 따져 논의함

投票 투표
[던질 투 표 표]
선거 또는 어떤 일을 결정할 때 정해진 용지에 자기가 뽑고 싶은 사람의 이름이나 찬반 따위를 기입하여 지정된 곳에 넣음

平衡 평형
[평평할 평 저울대 형]
한 물체에 여러 힘이 작용하여도 힘이 작용하지 않는 것과 같은 상태

寒帶氣候 한대기후
[찰 한 띠 대 기운 기 물을 후]
가장 기온이 높은 달의 평균 기온이 섭씨 10도 이하인 지대의 기후

含蓄的 함축적
[머금을 함 쌓을 축 과녁 적]
풍부한 내용이나 깊은 뜻이 들어 있음

海岸段丘 해안단구
[바다 해 언덕 안 층계 단 언덕 구]
해안에 발달한 계단 모양의 지형

革命 혁명
[가죽 혁 목숨 명]
1. 이전 왕조를 뒤집고 다른 왕조를 세움
2. 급격한 변혁

刑法 형법
[형벌 형 법 법]
범죄와 형벌의 내용을 규정한 법률

刑事裁判 형사재판
[형벌 형 일 사 마를 재 판가름할 판]
1. 범죄에 대해 수사하고, 검사가 기소하여 열리는 재판
2. 형사사건에 대한 재판

形態素 형태소
[모양 형 모양 태 흴 소]
일정한 뜻이나 기능을 지닌 가장 작은 말의 단위

胡亂 호란
[오랑캐 호 어지러울 란]
호인들이 일으킨 난리

呼應 호응
[부를 호 응할 응]
1. 한 문장에서 어떤 특정한 말 뒤에는 특정한 말만이 오게 되는 제약적 쓰임
2. 부르고 대답함

교과서 한자어 풀이

環境 환경
[고리 환 지경 경]
주위의 사물이나 사정

還穀 환곡
[돌아올 환 곡식 곡]
조선시대 백성에게 봄에 꾸어 주고 가을에 이자를 붙여 받아들이던 관청의 곡식

4급 교과서 한자어 풀이

*준4급 교과서한자어와 중복되는 83자는 생략하였습니다.

可採 가채
[옳을 가 캘 채]
자원 따위를 땅에서 파내거나 거두어들일 수 있음

價値 가치
[값 가 값 치]
어떤 사물이 지니고 있는 의의와 중요성, 값어치

降水量 강수량
[내릴 강 물 수 헤아릴 량]
비, 눈, 우박 따위가 지상에 내린 것을 모두 물로 환산한 분량

皆旣月蝕 개기월식
[다 개 이미 기 달 월 좀먹을 식]
지구가 해를 완전히 가리어 달이 지구의 그림자 속에 들어가서 달 전체가 보이지 않는 현상

隔差 격차
[사이 뜰 격 어긋날 차]
수준이나 품질, 수량 따위의 차이

經濟 경제
[지날 경 건널 제]
인간이 공동 생활을 하는 데에 필요한 재화를 획득·이용하는 활동 및 이를 통하여 이루어지는 사회 관계

恭敬 공경
[공손 공 공경할 경]
몸가짐을 공손히 하고 존경함

公演 공연
[공변될 공 펼 연]
연극, 음악, 무용 등을 공개된 자리에서 해 보임

寡占 과점
[적을 과 차지할 점]
어떤 상품 시장의 대부분을 소수의 기업이 차지하는 일

慣用表現 관용표현
[버릇 관 쓸 용 겉 표 나타날 현]
둘 이상의 낱말이 어울려 원래의 뜻과는 다른, 새로운 뜻으로 굳어져 쓰이는 표현

國寶 국보
[나라 국 보배 보]
나라의 보배란 뜻으로, 가치가 높은 것으로 평가되어 국가가 보호 및 관리하는 문화재

勤勉 근면
[부지런할 근 힘쓸 면]
아주 부지런함

金融 금융
[쇠 금 화할 융]
1. 돈의 융통
2. 경제에서 자금의 수요와 공급의 관계

肯定 긍정
[즐길 긍 정할 정]
어떤 사실이나 생각 따위를 그렇다고 인정하는 것

氣團 기단
[기운 기 모일 단]
넓은 범위에 걸쳐 기온과 습도가 거의 같은 공기 덩어리

氣壓 기압
[기운 기 누를 압]
대기의 압력

企業 기업
[꾀할 기 일 업]
시장경제에서의 생산 주체

교과서한자어 풀이

嗜好 기호
[즐길 기 좋을 호]
즐기고 좋아함

踏査 답사
[밟을 답 조사할 사]
실제로 현장에 가서 보고 조사함

突然變異 돌연변이
[갑자기 돌 그럴 연 변할 변 다를 이]
부모에게 없는 형질이 갑자기 나타난 것

埋藏 매장
[묻을 매 감출 장]
광물 따위가 묻혀 있음

脈絡 맥락
[맥 맥 맥락 락]
사물의 연결, 줄거리

博覽會 박람회
[넓을 박 볼 람 모일 회]
산업이나 기술 따위의 발전을 위하여 농업·공업·상업 등에 관한 물품을 모아, 일정한 기간 여러 사람들에게 보이는 모임

博物館 박물관
[넓을 박 만물 물 집 관]
역사·민속·산업·과학·예술 등에 관한 자료를 보관하고 전시하여 사회 교육과 학술 연구에 도움이 되게 만든 시설

福祉 복지
[복 복 복 지]
만족할 만한 생활 환경, 행복

分斷 분단
[나눌 분 끊을 단]
끊어서 동강을 냄

比較 비교
[견줄 비 견줄 교]
둘 이상의 사물을 서로 견주어 봄

比率 비율
[견줄 비 비율 률]
둘 이상의 수를 비교해 나타낼 때, 그 중 한 수를 기준으로 하여 나타낸 다른 수의 비교 값

朔望月 삭망월
[초하루 삭 바랄 망 달 월]
달의 모양이 변하여 다시 같은 모양이 될 때까지 걸리는 시간

象徵 상징
[코끼리, 형상 상 부를 징]
표현하려는 대상은 숨기고 다른 사물이 그 사물을 대신하도록 하는, 두 사물의 유사성에 근거하지 않는 표현 방법

敍述 서술
[차례 서 지을 술]
어떤 사실을 차례를 좇아 말하거나 적음

選擇 선택
[가릴 선 가릴 택]
둘 이상의 것에서 마음에 드는 것을 골라 뽑음

細胞 세포
[가늘 세 태보 포]
생물체를 구성하는 최소의 단위로서의 원형질

輸入 수입
[보낼 수 들 입]
상품이나 기술 따위를 외국에서 들여옴

實踐 실천
[열매 실 밟을 천]
실제로 행함

巖石 암석
[바위 암 돌 석]
바위

餘暇 여가
[남을 여 겨를 가]
직장 생활과 공부로부터 벗어난 자유로운 시간

교과서한자어 풀이

輿論 여론
[수레 여 논할 론]
사회 대중의 공통된 의견

聯想 연상
[이을 련 생각 상]
어떤 사물을 보거나 듣거나 생각하거나 할 때, 그와 관련 있는 다른 사물이 머리에 떠오르는 일

令狀 영장
[명령 령 문서 장]
사람이나 물건에 대한 강제 처분을 내용으로 하는 법정문서

豫見 예견
[미리 예 볼 견]
일이 있기 전에 미리 앎

預金 예금
[미리 예 쇠 금]
은행 등의 금융 기관에 돈을 맡김

宇宙 우주
[집 우 집 주]
온 세계를 둘러싸고 있는 공간

紐帶 유대
[끈 뉴 띠 대]
끈과 띠라는 뜻으로, 둘 이상을 서로 연결하거나 결합하게 하는 것

裁判 재판
[마를 재 판가름할 판]
소송으로 인한 다툼을 해결하기 위하여 법원이나 법관이 내리는 공권적 판단

顚倒 전도
[넘어질 전 넘어질 도]
거꾸로됨

竹林七賢 죽림칠현
[대 죽 수풀 림 일곱 칠 어질 현]
중국 晉(진)나라 초기에 노자와 장자의 무위 사상을 숭상하여 죽림에 모여 청담으로 세월을 보낸 일곱 명의 선비

症候群 증후군
[증세 증 물을 후 무리 군]
몇 가지 증세가 늘 함께 인정되나 그 원인이 분명하지 않거나 하나가 아닐 때에 병 이름에 따라 붙이는 명칭

地球村 지구촌
[땅 지 공 구 마을 촌]
세계 여러 나라가 한 마을처럼 서로 잘 알고 서로 도우며 살아야 한다는 뜻에서 붙여진 이름

地震 지진
[땅 지 진동할 진]
땅 속의 급격한 변화로 땅이 흔들리거나 갈라지는 현상

地層 지층
[땅 지 층 층]
암석이 층으로 쌓여있는 것

秩序 질서
[차례 질 차례 서]
사물 또는 사회가 올바른 생태를 유지하기 위하여 지켜야 할 일정한 차례나 규칙

天賦 천부
[하늘 천 구실 부]
하늘이 준다는 의미로, 선천적으로 타고남

尖端 첨단
[뾰족할 첨 끝 단]
1. 물체의 뾰족한 끝
2. 시대사조, 학문, 유행 따위의 맨 앞장

體操 체조
[몸 체 잡을 조]
신체의 이상적 발달을 꾀하고 신체의 결함을 교정 또는 보충시켜 주기 위해서 행하는 조직화된 운동

超過 초과
[넘을 초 지날 과]
일정한 수나 한도를 넘음

縮尺 축척
[줄어질 축 자 척]
지도나 설계도 따위를 실물보다 작게 그릴 때, 그 축소한 정도

교과서한자어 풀이

趣向 취향
[취미 취 향할 향]
하고 싶은 마음이 쏠리는 방향

討議 토의
[칠 토 의논할 의]
어떤 문제에 대하여, 가장 바람직한 해결 방안을 찾으려고 집단 구성원이 협동적으로 의견을 나누는 과정

投資 투자
[던질 투 재물 자]
이익을 얻을 목적으로 사업, 주식 등에 자금을 댐

販賣 판매
[팔 판 팔 매]
상품을 팖

偏西風 편서풍
[치우칠 편 서녘 서 바람 풍]
중위도 지방의 상공을 서쪽에서 동쪽으로 약간 쏠려 부는 바람

標準語 표준어
[표할 표 법도 준 말씀 어]
교육적, 문화적인 편의를 위하여 한 나라의 표준이 되게 정한 말

函數 함수
[함 함 셀 수]
두 변수 x와 y사이에, x의 값이 정해짐에 따라 y의 값이 정해지는 관계에서 x에 대하여를 이르는 말

血緣 혈연
[피 혈 인연 연]
같은 핏줄로 이어진 인연

確率 확률
[굳을 확 비율 률]
어떤 일이 일어날 확실성의 정도나 그것을 나타내는 수치

效率 효율
[본받을 효 헤아릴 률]
1. 기계가 한 일의 양과 소모된 에너지의 비율
2. 노력에 대하여 얻어진 결과의 정도

訓詁學 훈고학
[가르칠 훈 주낼 고 배울 학]
경서의 어려운 낱말이나 어구를 연구하는 학문

戱曲 희곡
[희롱할 희 굽을 곡]
상연을 목적으로 쓰여진 연극의 대본

稀少性 희소성
[드물 희 적을 소 성품 성]
인간의 물질적 욕구는 무한한 데 비해 자원은 한정되어 있는 상태

필수 한자성어

刻骨難忘 각골난망
[새길 각 뼈 골 어려울 난 잊을 망]
(은혜를 입은 것에 대한 고마운 마음이) 뼛속 깊이 새겨져 잊혀지지 않음

結草報恩 결초보은
[맺을 결 풀 초 갚을 보 은혜 은]
'풀을 묶어 은혜를 갚는다'는 뜻으로, 은혜가 매우 깊어 죽어서도 은혜를 잊지 않고 갚음

甘言利說 감언이설
[달 감 말씀 언 이로울 리 말씀 설]
'달콤한 말과 이로운 말'이라는 뜻으로, 남의 비위를 맞춰 그럴듯하게 꾸미는 말

敬老孝親 경로효친
[공경할 경 늙을 로 효도 효 어버이 친]
늙은이를 공경하고 어버이에게 효도함

甘呑苦吐 감탄고토
[달 감 삼킬 탄 쓸 고 뱉을 토]
'달면 삼키고 쓰면 뱉는다.'는 뜻으로, 자신에게 유리하면 하고 불리하면 하지 않음

敬而遠之 경이원지
[공경할 경 말이을 이 멀 원 갈 지]
'공경하나 그를 멀리한다'는 뜻으로, 겉으로는 공경하는 체하면서 속으로는 멀리함

甲男乙女 갑남을녀
[갑옷 갑 사내 남 새 을 여자 녀]
'갑이라는 남자와 을이라는 여자'라는 뜻으로, 신분이나 이름이 알려지지 않은 평범한 보통 사람 〈동의어〉匹夫匹婦(필부필부)

鷄卵有骨 계란유골
[닭 계 알 란 있을 유 뼈 골]
'계란에 뼈가 있다'는 뜻으로, 운이 나쁜 사람은 모처럼 좋은 기회가 와도 일이 잘 안 풀림

改過遷善 개과천선
[고칠 개 허물 과 옮길 천 착할 선]
'허물을 고쳐 선으로 옮기다'라는 뜻으로, 지난 잘못을 고치고 착한 사람이 됨

骨肉相爭 골육상쟁
[뼈 골 고기 육 서로 상 다툴 쟁]
'뼈와 살이 서로 다툰다'는 뜻으로, 같은 민족끼리 서로 싸움 〈동의어〉骨肉相殘(골육상잔)

去頭截尾 거두절미
[버릴 거 머리 두 자를 절 꼬리 미]
'머리와 꼬리를 잘라 버린다'는 뜻으로, 앞뒤의 사설을 빼고 요점만 말함

過猶不及 과유불급
[지나칠 과 같을 유 아니 불 미칠 급]
'지나침은 미치지 못함과 같다'는 뜻으로, 中庸(중용)의 중요성을 이르는 말

結者解之 결자해지
[맺을 결 놈 자 풀 해 갈 지]
'맺은 사람이 그것을 풀어야 한다'는 뜻으로, 일을 벌인 사람이 그 일을 마무리해야 함

權不十年 권불십년
[권세 권 아니 불 열 십 해 년]
'권세는 10년을 가지 못한다'는 뜻으로, 권력은 오래 가지 못함

기타 출제유형 익히기 **115**

필수 한자성어

克己復禮 극기복례
[이길 극 몸 기 돌아갈 복 예도 례]
'자신을 이기고 예로 돌아간다'는 뜻으로, 자신의 지나친 욕심을 누르고 예의 범절을 좇음

多多益善 다다익선
[많을 다 많을 다 더욱 익 좋을 선]
많으면 많을수록 더욱 좋음

錦衣還鄉 금의환향
[비단 금 옷 의 돌아올 환 고향 향]
'비단 옷을 입고 고향으로 돌아간다'는 뜻으로, 출세하여 고향에 돌아감

單刀直入 단도직입
[홑 단 칼 도 곧을 직 들 입]
'혼자서 칼을 들고 곧장 적진으로 쳐들어간다'는 뜻으로, 말을 하거나 글을 쓸 때 군말을 빼고 곧장 본론으로 들어감

金枝玉葉 금지옥엽
[쇠 금 가지 지 구슬 옥 잎 엽]
'황금으로 된 나뭇가지와 옥으로 만든 나뭇잎'이란 뜻으로, 왕이나 귀한 집안의 자손 또는 귀여운 자손을 이르는 말

獨不將軍 독불장군
[홀로 독 아니 불 장수 장 군사 군]
'혼자서는 장군을 할 수 없다'는 뜻으로, 남의 의견은 무시하고 모든 일을 자신의 마음대로만 처리하는 사람을 이르는 말

騎虎之勢 기호지세
[말탈 기 호랑이 호 갈 지 형세 세]
'호랑이를 탄 형세'라는 뜻으로, 호랑이를 타고 달리는 도중 내릴 수 없는 것처럼 한번 시작한 일을 중간에 그만 둘 수 없는 경우를 이르는 말

東奔西走 동분서주
[동녘 동 달릴 분 서녘 서 달릴 주]
'동쪽으로 달리고 서쪽으로 달린다'는 뜻으로, 여기저기 몹시 바쁘게 돌아다님

難攻不落 난공불락
[어려울 난 칠 공 아니 불 떨어질 락]
공격하기가 어려워 좀처럼 함락시키지 못함

同床異夢 동상이몽
[같을 동 평상 상 다를 이 꿈 몽]
'같은 잠자리에서 다른 꿈을 꾼다'는 뜻으로, 겉으로는 같은 행동을 하면서도 속으로는 각각 다른 생각을 함

老益壯 노익장
[늙을 로 더욱 익 씩씩할 장]
'늙을수록 더욱 씩씩하다'는 뜻으로, 나이가 들었어도 결코 젊은이다운 패기가 변하지 않고 오히려 씩씩함

亡子計齒 망자계치
[죽을 망 아들 자 셈할 계 나이 치]
'죽은 자식 나이 세기'라는 뜻으로, 이미 지나간 일을 생각하며 애석해함

累卵之危 누란지위
[포갤 루 알 란 갈 지 위태할 위]
알을 쌓아놓은 것처럼 몹시 위태로운 형세

明若觀火 명약관화
[밝을 명 같을 약 볼 관 불 화]
'밝기가 불을 보는 것과 같다'는 뜻으로, 어떤 사실이 매우 분명함

필수 한자성어

目不識丁 (목불식정)
[눈 목 아니 불 알 식 씩씩할 정]
고무래를 보고도 '丁'자를 알지 못한다는 뜻으로, 글자를 전혀 모르거나 무식한 사람에게 쓰는 말

氷炭之間 (빙탄지간)
[얼음 빙 숯 탄 갈 지 사이 간]
'얼음과 숯불 사이'라는 뜻으로, 얼음과 숯불처럼 그 성질이 상반되어 서로 조화를 이루어 함께 할 수 없음

聞一知十 (문일지십)
[들을 문 하나 일 알 지 열 십]
'하나를 들으면 열 가지를 안다'는 뜻으로, 머리가 매우 총명함

事必歸正 (사필귀정)
[일 사 반드시 필 돌아갈 귀 바를 정]
'일은 반드시 바른 곳으로 돌아간다'는 뜻으로, 모든 잘잘못은 반드시 그 원인에 따라서 바른 결과를 얻게 됨

傍若無人 (방약무인)
[곁 방 같을 약 없을 무 사람 인]
'곁에 사람이 없는 것 같다'는 뜻으로, 남을 의식하지 않고 거리낌 없이 함부로 행동함

山戰水戰 (산전수전)
[메 산 싸울 전 물 수 싸울 전]
'산에서의 싸움, 물에서의 싸움'이란 뜻으로, 세상의 온갖 고난과 어려움을 다 겪어 경험이 많은 사람을 이르는 말

背恩忘德 (배은망덕)
[등질 배 은혜 은 잊을 망 덕 덕]
'입은 은덕을 잊어버리고 배신함'이라는 뜻으로, 은혜를 모르는 경우를 이르는 말

三寒四溫 (삼한사온)
[석 삼 찰 한 넉 사 따뜻할 온]
'삼일은 춥고 사일은 따뜻하다'는 뜻으로, 겨울철 우리나라 기후의 특징적 현상을 이르는 말

百害無益 (백해무익)
[일백 백 해로울 해 없을 무 이로울 익]
모든 면에서 해로울 뿐, 이로움이 전혀 없음

雪上加霜 (설상가상)
[눈 설 위 상 더할 가 서리 상]
'눈 위에 서리가 더해진다'라는 뜻으로, 나쁜 일이 연달아 생겨남

父傳子傳 (부전자전)
[아버지 부 전할 전 아들 자 전할 전]
1. '아버지가 전하고 아들이 전하다'는 뜻으로, 대대로 아버지에게서 아들로 전해짐 2. 그 아버지에 그 아들

說往說來 (설왕설래)
[말씀 설 갈 왕 말씀 설 올 래]
'말이 오고 간다'는 뜻으로, 어떤 일의 시비를 따지느라고 말로 옥신각신함

夫唱婦隨 (부창부수)
[지아비 부 노래부를 창 지어미 부 따를 수]
'남편이 창을 하면 아내도 따라 한다'는 뜻으로, 남편의 주장에 아내가 따르는 것이 부부 화합의 도리임을 이르는 말

送舊迎新 (송구영신)
[보낼 송 옛 구 맞을 영 새 신]
'묵은 것을 보내고 새 것을 맞이함'이라는 뜻으로, 한 해를 보내고 새해를 맞이할 때 쓰는 말

기타 출제유형 익히기

필수 한자성어

首丘初心 수구초심
[머리 수 언덕 구 처음 초 마음 심]
'(여우는 죽을 때)머리를 자기가 살던 언덕 쪽으로 두고 죽는다'는 뜻으로, 고향을 그리워하는 마음 또는 근본을 잊지 않는 마음을 이르는 말

眼下無人 안하무인
[눈 안 아래 하 없을 무 사람 인]
'눈 아래에 사람이 없다'는 뜻으로, 사람됨이 교만하여 남을 업신여김

守株待兎 수주대토
[기다릴 수 그루터기 주 기다릴 대 토끼 토]
'나무 그루터기를 지키며 토끼를 기다린다'는 뜻으로, 융통성이 없거나 어리석음

藥房甘草 약방감초
[약 약 방 방 달 감 풀 초]
'약방의 감초'라는 뜻으로, 모든 한약에 감초가 들어간다는 데에서 어떤 일에나 빠지지 않고 끼는 사람을 이르는 말

脣亡齒寒 순망치한
[입술 순 잃을 망 이 치 찰 한]
'입술이 없어지면 이가 시리다'는 뜻으로, 가까이 있는 둘 중의 하나가 망하면 다른 하나도 위태로워짐

養虎遺患 양호유환
[기를 양 범 호 남길 유 근심 환]
'호랑이를 길러 근심을 남긴다'는 뜻으로, 스스로 화근을 만들어 재앙을 당함

信賞必罰 신상필벌
[진실로 신 상줄 상 반드시 필 벌할 벌]
'상을 받을 만한 사람에게는 반드시 상을 주고, 벌을 받을 만한 사람에게는 반드시 벌을 준다'는 뜻으로, 상벌을 규정대로 분명하게 함

漁夫之利 어부지리
[고기잡을 어 사내 부 갈 지 이로울 리]
'어부의 이익'이라는 뜻으로, 두 사람이 다투고 있는 사이에 엉뚱한 제3자가 이익을 얻게 됨

身言書判 신언서판
[몸 신 말씀 언 글 서 판단할 판]
중국 당나라 때 관리를 등용하는 기준으로 삼았던 '몸, 말씨, 글씨, 판단력' 등의 네 가지를 이르는 말

言中有骨 언중유골
[말씀 언 가운데 중 있을 유 뼈 골]
'말 가운데 뼈가 있다'는 뜻으로, 말은 순한 듯하나 그 속에 비꼬거나 헐뜯는 속뜻이 들어 있음

十匙一飯 십시일반
[열 십 숟가락 시 하나 일 밥 반]
'열 술이면 한 그릇의 밥'이라는 뜻으로, 여러 사람이 힘을 합하면 한 사람쯤은 구제하기 쉽다는 말

易地思之 역지사지
[바꿀 역 처지 지 생각 사 대명사 지]
'처지를 바꾸어 그 일에 대해 생각한다'는 뜻으로, 어떤 일을 상대편의 입장이 되어 생각해 봄

我田引水 아전인수
[나 아 밭 전 끌 인 물 수]
'제 논에 물 대기'라는 뜻으로, 자기에게만 유리하게 행동하거나 생각하는 이기적인 경우를 이르는 말

緣木求魚 연목구어
[인연할 연 나무 목 구할 구 물고기 어]
'나무에 올라가서 물고기를 구한다'는 뜻으로, 도저히 불가능한 일을 하려 하거나 목적을 달성할 수단이 알맞지 않는 경우

필수 한자성어

吾鼻三尺 (오비삼척)
[나 오 코 비 석 삼 자 척]
'내 코가 석자'라는 뜻으로, 내 사정이 급하여 남을 돌볼 여유가 없음

有備無患 (유비무환)
[있을 유 갖출 비 없을 무 근심 환]
'준비가 있으면 근심이 없다'는 뜻으로, 어떤 일에 미리 대비하면 걱정할 것이 없음

烏合之卒 (오합지졸)
[까마귀 오 합할 합 갈 지 군사 졸]
'까마귀 떼처럼 모여있는 군사'라는 뜻으로, 아무런 규율도 없고 보잘 것도 없는 사람들의 무리를 이르는 말

以卵投石 (이란투석)
[써 이 알 란 던질 투 돌 석]
'계란으로 바위치기'라는 뜻으로, 약한 것으로 강한 것을 당해 내려는 무모하고 어리석은 짓을 이르는 말

溫故知新 (온고지신)
[익힐 온 옛 고 알 지 새 신]
옛 것을 익혀서 이를 토대로 새 것을 깨달음

以心傳心 (이심전심)
[써 이 마음 심 전할 전 마음 심]
'마음으로 마음을 전한다'는 뜻으로, 말로 하지 않아도 서로 마음이 통함

完璧 (완벽)
[완전할 완 둥근옥 벽]
'(한 점의 흠도 없는) 완전한 구슬'이라는 뜻으로, 조금의 결점도 없이 훌륭한 것을 이르는 말

以熱治熱 (이열치열)
[써 이 더울 열 다스릴 치 더울 열]
'열로써 열을 다스리다'라는 뜻으로, 힘에는 힘으로 또는 강한 것에는 강한 것으로 상대함

愚公移山 (우공이산)
[어리석을 우 존칭 공 옮길 이 메 산]
'우공이 산을 옮긴다'는 뜻으로, 어떤 일이라도 끊임없이 노력하면 마침내 이룰 수 있음

因果應報 (인과응보)
[까닭 인 결과 과 응할 응 보답할 보]
'원인과 결과가 서로 대응하여 보답한다'는 뜻으로, 좋은 행동에는 좋은 결과를, 나쁜 행동에는 나쁜 결과를 받게 됨

雨後竹筍 (우후죽순)
[비 우 뒤 후 대나무 죽 죽순 순]
'비 온 뒤에 생겨나는 죽순'이라는 뜻으로, 어떤 일이 일시에 많이 일어남

仁者無敵 (인자무적)
[어질 인 놈 자 없을 무 원수 적]
'어진 사람에게는 적이 없다'는 뜻으로, 어진 사람은 모든 사람을 사랑하므로 적이 없다는 말

有名無實 (유명무실)
[있을 유 이름 명 없을 무 열매 실]
이름만 있고 실제 내용이 없음

人之常情 (인지상정)
[사람 인 갈 지 항상 상 뜻 정]
사람이라면 누구나 가지는 보통의 마음 또는 생각

필수 한자성어

一擧兩得 일거양득
[하나 일 들 거 두 량 얻을 득]
'하나를 들어서 둘을 얻다'는 뜻으로, 한 가지 일로 두 가지의 이익을 얻음
〈동의어〉一石二鳥(일석이조)

種豆得豆 종두득두
[심을 종 콩 두 얻을 득 콩 두]
'콩을 심으면 콩을 얻는다'는 뜻으로, 원인이 있으면 그에 따르는 결과가 반드시 있음

日就月將 일취월장
[날 일 나아갈 취 달 월 나아갈 장]
'날로 나아가고 달로 나아가다'는 뜻으로, 학문이나 기술이 나날이 발전함

坐不安席 좌불안석
[앉을 좌 아니 불 편안할 안 자리 석]
'앉아 있으나 편안한 자리가 아니다'는 뜻으로, 마음이 불안하고 걱정스러워 가만히 한군데에 앉아있지 못함

才子佳人 재자가인
[재주 재 사내 자 아름다울 가 사람 인]
재주가 있는 남자와 아름다운 여자

坐井觀天 좌정관천
[앉을 좌 우물 정 볼 관 하늘 천]
'우물 속에 앉아 하늘을 본다'는 뜻으로, 見聞(견문)이 좁음

轉禍爲福 전화위복
[옮길 전 재앙 화 할 위 복 복]
'재앙이 바뀌어 복이 된다'는 뜻으로, 나쁜 일이 오히려 좋은 일로 바뀜

衆寡不敵 중과부적
[무리 중 적을 과 아니 부 대적할 적]
'많은 것과 적은 것은 서로 대적할 수 없다'는 뜻으로, 적은 수로는 많은 수에 맞설 수 없음

頂門一針 정문일침
[정수리 정 문 문 하나 일 바늘 침]
'정수리에 한 대의 침을 놓는다'는 뜻으로, 남의 잘못을 따끔하게 충고하거나 비판함 〈동의어〉頂門一鍼(정문일침)

衆口難防 중구난방
[무리 중 입 구 어려울 난 막을 방]
'여러 사람의 입은 막기가 어렵다'는 뜻으로, 많은 사람이 마구 떠들어대는 소리는 감당하기 어렵다는 뜻

朝令暮改 조령모개
[아침 조 명령할 령 저물 모 고칠 개]
'아침에 명령을 내렸다가 저녁에 다시 고친다'는 뜻으로, 법령이나 명령이 자주 바뀜

重言復言 중언부언
[거듭 중 말씀 언 다시 부 말씀 언]
'거듭 말하고 다시 말하다'는 뜻으로, 이미 한 말을 자꾸 되풀이함

助長 조장
[도울 조 자랄 장]
'도와서 자라나게 한다'는 뜻이지만, 흔히 어떤 경향이 더 심해지도록 부추긴다는 뜻으로 쓰임

指鹿爲馬 지록위마
[가리킬 지 사슴 록 할 위 말 마]
'사슴을 가리켜 말이라 하다'는 뜻으로, 윗사람을 농락하여 권세를 함부로 부림

필수 한자성어

指呼之間 지호지간
[가리킬 지 부를 호 갈 지 사이 간]
손짓으로 부를 만한 가까운 거리

他山之石 타산지석
[남 타 뫼 산 갈 지 돌 석]
'다른 산의 돌을 거울삼아 자신의 옥(옥)을 갈고 닦는다'는 뜻으로, 다른 사람의 하찮은 말과 행동도 자신의 지식과 덕을 닦는 데 도움이 될 수 있음

千辛萬苦 천신만고
[일천 천 매울 신 일만 만 쓸 고]
'여러 가지 맵고 쓴 맛'이라는 뜻으로, 온갖 고생을 다 겪음

泰山北斗 태산북두
[클 태 메 산 북녘 북 별이름 두]
'태산과 북두칠성'이라는 뜻으로, 세상 사람들로부터 존경을 받는 사람 또는 어떤 전문 분야에서의 권위자를 비유하여 이르는 말

千載一遇 천재일우
[일천 천 해 재 하나 일 만날 우]
'천 년에 한 번 만난다'는 뜻으로, 다시 만나기 힘든 좋은 기회를 이르는 말

破竹之勢 파죽지세
[깨트릴 파 대나무 죽 갈 지 기세 세]
'대나무를 쪼갤 때의 기세'라는 뜻으로, 거침없이 맹렬한 기세

千篇一律 천편일률
[일천 천 책 편 하나 일 음률 률]
'천 편이 모두 한 가지 운율'이라는 뜻으로, 詩文(시문)이나 사물이 독특한 개성 없이 모두 비슷비슷함

敗家亡身 패가망신
[패할 패 집 가 망할 망 몸 신]
집안의 재산을 모두 탕진하고 자신의 몸을 망침

鐵面皮 철면피
[쇠 철 얼굴 면 가죽 피]
'쇠로 만든 얼굴가죽'이라는 뜻으로, 뻔뻔스럽고 염치없는 사람을 이르는 말

匹夫匹婦 필부필부
[홀 필 지아비 부 홀 필 지어미 부]
'한 명의 남자와 여자'라는 뜻으로, 평범한 보통 사람 〈동의어〉甲男乙女(갑남을녀)

春秋筆法 춘추필법
[봄 춘 가을 추 붓 필 법 법]
1. 공자가 저술한 춘추에서와 같이 비판적이고 엄정한 필법
2. 대의명분을 밝혀 세우는 논조

咸興差使 함흥차사
[다 함 일어날 흥 부릴 차 부릴 사]
'함흥의 차사'라는 뜻으로, 심부름을 간 사람이 소식이 없거나 또는 회답이 매우 더디게 오는 경우를 이르는 말

針小棒大 침소봉대
[바늘 침 작을 소 몽둥이 봉 큰 대]
'바늘처럼 작은 것을 몽둥이처럼 크다고 한다'는 뜻으로, 작은 일을 크게 과장하여 말함

狐假虎威 호가호위
[여우 호 빌릴 가 호랑이 호 위세 위]
'여우가 호랑이의 위세를 빌리다'는 뜻으로, 남의 권세에 붙어 위세를 부림

필수 한자성어

| 鶴首苦待 학수고대 | [학 학 머리 수 괴로울 고 기다릴 대] '학처럼 목을 내어 간절히 기다린다'는 의미로, 사람이나 어떤 상황을 간절히 기다린다는 뜻 |

| 畵龍點睛 화룡점정 | [그림 화 용 룡 점찍을 점 눈동자 정] '용을 그리고 (마지막으로) 눈동자를 점찍는다'는 뜻으로, 가장 중요한 부분을 처리하여 일을 끝냄 |

| 好事多魔 호사다마 | [좋을 호 일 사 많을 다 마귀 마] '좋은 일에는 나쁜 일이 많이 낀다'는 의미로, 좋은 일이 있을 땐 이상하게도 이를 방해하는 궂은 일이 많이 생긴다는 뜻 |

| 興盡悲來 흥진비래 | [흥할 흥 다할 진 슬플 비 올 래] '즐거운 일이 다하면 슬픈 일이 온다'는 뜻으로, 세상일은 돌고 돌게 마련임 〈동의어〉苦盡甘來(고진감래) |

4 실전대비 예상·기출문제

▶ 한자자격시험 예상문제 ▶ 한자자격시험 기출문제
▶ 정답 및 답안지

한자자격시험 예상문제 [4급 1회]

객관식 (1~30번)

● 다음 [　] 안의 한자와 음(소리)이 같은 한자는?

1. [街] ①故 ②假 ③久 ④巨
2. [單] ①獨 ②徒 ③取 ④端
3. [修] ①收 ②純 ③妙 ④禁
4. [聽] ①察 ②聖 ③請 ④散
5. [寅] ①誤 ②認 ③務 ④榮

● 다음 [　] 안의 한자와 뜻이 상대(반대) 되는 한자는?

6. [得] ①協 ②失 ③擧 ④希
7. [異] ①尾 ②尊 ③同 ④解
8. [新] ①恩 ②婚 ③遺 ④舊

● 다음 [　] 안의 한자와 뜻이 비슷(유사)한 한자는?

9. [連] ①接 ②停 ③佳 ④興
10. [訪] ①限 ②硏 ③探 ④達

● 다음 〈보기〉의 낱말들과 가장 관련이 깊은 한자는?

11. 보기　결혼　생일　우승
    ①滿 ②慶 ③變 ④溪

12. 보기　씨름　오곡밥　송편
    ①浴 ②陸 ③俗 ④均

13. 보기　영화　연극　음악
    ①藝 ②耕 ③乾 ④選

● 다음 설명이 뜻하는 한자어는?

14. 물체가 순간의 상태를 계속 유지하려는 속성
    ①氣壓 ②變異 ③慣性 ④密度

15. 전기저항이 작아서 전류가 잘 흐르는 물체
    ①導體 ②濃度 ③顚倒 ④投資

16. 사실보다 지나치게 떠벌려 나타냄
    ①趣向 ②誇張 ③函數 ④價値

17. 생물이 항원의 공격에 저항하는 능력
    ①免疫 ②確率 ③細胞 ④象徵

18. 사물의 연결 줄거리
    ①縮尺 ②公演 ③踏査 ④脈絡

19. 용액의 묽고 진한 정도
    ①敍述 ②濃度 ③福祉 ④懶怠

20. 한 물체에 여러 힘이 작용하여도 힘이 작용하지 않는 것과 같은 상태
    ①納稅 ②埋藏 ③平衡 ④勤勉

21. 그때그때의 상황에 따라서 재빨리 발휘되는 재치
    ①機智 ②社會 ③飽和 ④豫見

22. 어떤 영향이 다른 것에 미쳐 나타남
    ①葛藤 ②臺本 ③反映 ④摩擦

23. 은행 등의 금융 기관에 돈을 맡김
    ①秩序 ②免疫 ③儉素 ④預金

● 다음 문장 중 (　) 안에 들어갈 한자어로 알맞은 것은?

24. 창작은 (　)에서 시작된다고 한다.
    ①模倣 ②反射 ③稀少 ④主義

예상문제 [4급 1회]

25. (　)하기는 시를 표현하는 대표적인 표현 방법이다.
    ① 施設　② 比喩　③ 飽和　④ 恐慌

26. 글에는 주인공의 한 일이 자세히 (　)되어 있다.
    ① 放縱　② 描寫　③ 模倣　④ 干拓

27. 사회(　)의 증가는 현대 사회의 큰 문제로서, 해결 방안은 마음을 열고 대화를 하는 것이다.
    ① 散策　② 背景　③ 販賣　④ 葛藤

28. 글을 읽는 것은 의사를 (　)하는 과정이다.
    ① 誇張　② 情緒　③ 疏通　④ 配慮

29. 중세는 (　)을 중심으로 경제 활동이 이루어 졌다.
    ① 莊園　② 天賦　③ 慣用　④ 細胞

30. 우리나라 옛 도읍지로 (　)여행을 떠났다.
    ① 宇宙　② 踏査　③ 表現　④ 朋黨

주관식 (31~100번)

● 다음 한자의 훈음을 쓰시오.

31. 假(　)　　32. 權(　)
33. 列(　)　　34. 盛(　)
35. 滅(　)　　36. 乃(　)
37. 復(　)　　38. 燈(　)
39. 競(　)　　40. 忘(　)
41. 辛(　)　　42. 誤(　)
43. 究(　)　　44. 密(　)
45. 鼻(　)

● 다음 □ 안에 공통으로 들어갈 한자를 <보기>에서 찾아 쓰시오.

보기: 脫 暴 製 研 選 治 細

46. □別, □定, 人□　(　)
47. □出, 解□, □衣　(　)
48. □本, □圖, □造法　(　)
49. □惡, □雨, □力　(　)

● [가로열쇠]와 [세로열쇠]를 읽고, 빈칸에 공통으로 들어갈 한자를 쓰시오.

50. 探□問
    가로열쇠: 어떤 사람이나 장소를 수소문하여 찾아봄
    세로열쇠: 남을 찾아봄

51. 讀□決
    가로열쇠: 사건이나 문제를 잘 처리함
    세로열쇠: 글을 읽어 이해함

52. 故□愁
    가로열쇠: 자신이 나고 자란 곳
    세로열쇠: 고향이 그리워 느끼는 슬픔

● 다음 한자어의 독음을 쓰시오.

53. 加減(　)　　54. 安保(　)
55. 溪谷(　)　　56. 請願(　)
57. 熱烈(　)　　58. 探究(　)
59. 連續(　)　　60. 慶祝(　)
61. 解脫(　)　　62. 列擧(　)
63. 萬若(　)　　64. 權勢(　)
65. 旅行(　)　　66. 危急(　)
67. 達成(　)

● 다음 문장을 읽고 밑줄 친 부분이 뜻하는 한자를 <보기>에서 찾아 쓰시오.

보기: 浴 否 種 獨 持 及 坐 筆 危

68. 모두 집으로 떠나고 기숙사에는 나만 홀로 남았다. (　)

예상문제 [4급 1회]

69. 동네 아이들이 개울물에 <u>목욕</u>을 하며 장난을 치고 있다. (　　　)

70. <u>앉을자리</u>가 편평해야 물건이 기우뚱거리지 않는다. (　　　)

71. 족제비 털로 <u>붓</u>을 만들다. (　　　)

72. 내가 뿌린 <u>씨앗</u>에서 싹이 트기 시작했다. (　　　)

73. 그녀는 사람을 끄는 <u>매력</u>을 가지고 있다. (　　　)

74. 이번 폭우로 축대가 <u>위태</u>하다. (　　　)

● 다음 문장 중 한자어의 독음을 쓰시오.

75. 그는 작은 **企業**을 세계적인 기업으로 키웠다. (　　　)

76. 국민에게는 **納稅**의 의무가 있다. (　　　)

77. 자료의 **分析**을 마쳤다. (　　　)

78. 그분은 섬세하고 조용한 성품으로 스승에 대한 **恭敬**이 극진하였다. (　　　)

79. 위도 30~65도 사이의 중위도 지방에서 일 년 내내 서쪽으로 치우쳐 부는 바람을 **偏西風**이라고 한다. (　　　)

80. 풍화 작용으로 **巖石**이 깎이다. (　　　)

81. 그는 그 문제에 대해서 묘한 **含蓄**을 남긴 채 결코 단언하지 않았다. (　　　)

82. 그는 **餘暇** 시간을 활용하여 운동을 한다. (　　　)

83. 그들은 대표자를 뽑기 위해 후보를 추천하고 **投票**를 실시했다. (　　　)

84. 2차 산업 혁명 이후 **帝國主義**가 등장하여 20세기 초까지 아프리카 대부분이 식민지로 분할되었다. (　　　)

85. 동대문 시장은 옷을 도매로 **販賣**하는 대표적인 시장이다. (　　　)

86. 1930년대 유치진은 리얼리즘 **戱曲**을 썼고, 광복 이후에는 역사극으로 방향을 돌렸다. (　　　)

87. 국민의 **遵法精神**을 높이고 법의 존엄성을 강조하기 위하여 제정한 날이 법의 날이다. (　　　)

● 다음 문장 중 (　) 안의 단어를 한자로 쓰시오.

88. 여름에는 시원한 (계곡)을 찾는 사람이 많다. (　　　)

89. 모든 대신들이 일제히 (기립)해서 그에게 경의를 표했다. (　　　)

90. 진압 부대는 (상륙)을 못하고 바다에서 박격포탄만 퍼부어 댔다. (　　　)

91. 부모에 대한 지나친 (의존)은 좋지 않다. (　　　)

92. 교포들은 모임에서 아리랑을 (합창)했다. (　　　)

93. 무분별한 (벌목)으로 산림이 파괴되다. (　　　)

● 다음 문장 중 한자어의 잘못된 글자를 바르게 고쳐 쓰시오.

94. 우리는 대화를 통해 **海法** 찾았다. (　　　 → 　　　)

예상문제 [4급 1회]

95. 여고 때의 **銀師**를 찾아뵈러 학교에 갔다.
(→)

● 다음 한자성어의 설명을 읽고 □ 안에 들어갈 알맞은 한자를 〈보기〉에서 찾아 쓰시오.

보기	女 苦 結 解 男 年 來 我 權, 引

96. □盡甘□ (,)

의미	'즐거운 일이 다하면 슬픈 일이 온다' 는 뜻으로, 세상일이 돌고 돎을 이르는 말

97. □不十□ (,)

의미	'권세는 10년을 가지 못한다' 는 뜻으로, 권력이 오래가지 못하는 경우

98. □田□水 (,)

의미	'제 논에 물 대기' 라는 뜻으로, 자기에게만 유리하게 행동하거나 생각하는 이기적인 경우

99. □者□之 (,)

의미	'맺은 사람이 그것을 풀어야 한다' 는 뜻으로, 일을 벌인 사람이 그 일을 마무리해야 한다는 뜻

100. 甲□乙□ (,)

의미	'갑이라는 남자와 을이라는 여자' 라는 뜻으로, 신분이나 이름이 알려지지 않은 평범한 보통 사람

한자자격시험 예상문제 [4급 2회]

객관식 (1~30번)

● 다음 [ ] 안의 한자와 음(소리)이 같은 한자는?

1. [耕] ①競 ②律 ③授 ④教
2. [練] ①佳 ②經 ③連 ④婦
3. [房] ①政 ②論 ③壬 ④防
4. [精] ①陰 ②停 ③將 ④筆
5. [移] ①造 ②細 ③貨 ④異

● 다음 [ ] 안의 한자와 뜻이 상대(반대) 되는 한자는?

6. [衆] ①獨 ②公 ③保 ④認
7. [笑] ①忘 ②怒 ③恩 ④察
8. [受] ①密 ②收 ③京 ④授

● 다음 [ ] 안의 한자와 뜻이 비슷(유사)한 한자는?

9. [丹] ①依 ②朱 ③取 ④官
10. [續] ①修 ②聖 ③承 ④藝

● 다음 〈보기〉의 낱말들과 가장 관련이 깊은 한자는?

11. 보기 | 잡지 소설 교과서
    ①判 ②冊 ③布 ④惠

12. 보기 | 사우나 샴푸 타월
    ①列 ②浴 ③達 ④祭

13. 보기 | 반지 손톱 마디
    ①句 ②婚 ③將 ④指

● 다음 설명이 뜻하는 한자어는?

14. 맨 앞장
    ①隔差 ②尖端 ③分斷 ④福祉

15. 이익을 얻을 목적으로 사업 등에 자금을 댐
    ①儉素 ②聯想 ③慣性 ④投資

16. 즐기고 좋아함
    ①檢事 ②志操 ③嗜好 ④衛星

17. 두 편이 서로 좋도록 알맞게 조화시켜 협의함
    ①妥協 ②討論 ③脈絡 ④戲曲

18. 게으르고 느림
    ①維新 ②尊嚴 ③矜持 ④懶怠

19. 곧은 뜻과 굳은 마음
    ①志操 ②抵抗 ③天賦 ④寬容

20. 보통 사람이 가진 일반적인 지식이나 판단력
    ①輿論 ②追憶 ③常識 ④臺本

21. 어떤 사실이나 생각 따위를 그러하다고 인정함
    ①連帶 ②肯定 ③還穀 ④音韻

22. 도선에 흐르는 전류의 세기가 각종 전기 기구나 도선에 의해 받게 되는 방해
    ①抵抗 ②實踐 ③汚染 ④心象

23. 인간의 물질적 욕구는 무한한 데 비해 자원은 한정되어 있는 상태
    ①令狀 ②稀少性 ③紐帶 ④匿名性

● 다음 문장 중 ( ) 안에 들어갈 한자어로 알맞은 것은?

24. 책임이 따르지 않는 자유는 ( )이다.
    ①朋黨 ②秩序 ③寡占 ④放縱

예상문제 [4급 2회]

25. 산업 (　)에서는 여러 가지 신기술을 소개한다.
　① 博覽會　② 預金　③ 博物館　④ 投資

26. 남대문 시장은 옷을 도매로 (　)하는 곳이다.
　① 背景　② 誇張　③ 販賣　④ 企業

27. 영화나 연극(　)볼 때에는 핸드폰을 꺼야 한다.
　① 公演　② 根據　③ 公然　④ 妥協

28. 두 가지의 실험 결과를 (　)해 보아라.
　① 干拓　② 汚染　③ 比較　④ 分斷

29. 이 신문기사를 읽고 현대인의 심리를 (　) 해보아라.
　① 勤勉　② 需要　③ 顚倒　④ 分析

30. 경제 (　)은 이전에도 주기적으로 발생하여으나, 1929년의 (　)은 전세계에 큰 영향을 주었다.
　① 放縱　② 恐慌　③ 氣壓　④ 金融

주관식 (31~100번)

● 다음 한자의 훈음을 쓰시오.

31. 建(　)　32. 陸(　)
33. 製(　)　34. 協(　)
35. 溪(　)　36. 拜(　)
37. 增(　)　38. 希(　)
39. 及(　)　40. 稅(　)
41. 最(　)　42. 察(　)
43. 徒(　)　44. 應(　)
45. 暴(　)

● 다음 □ 안에 공통으로 들어갈 한자를 <보기>에서 찾아 쓰시오.

보기　應 解 遺 除 變 眼 波

46. □決, □答, □散　(　)
47. □去, □外, □名　(　)
48. □答, □待, □報　(　)
49. □産, □言, □書　(　)

● [가로열쇠]와 [세로열쇠]를 읽고, 빈칸에 공통으로 들어갈 한자를 쓰시오.

50. 新□人
　가로열쇠: 결혼한 여자, 남편의 반대
　세로열쇠: 갓 결혼한 색시

51. 確□溫
　가로열쇠: 확실히 보존함
　세로열쇠: 일정한 온도를 보존함

52. 佛□過
　가로열쇠: 시간이 지나감, 어떤 단계나 시기·장소를 거침
　세로열쇠: 불교의 가르침을 적은 경전

● 다음 한자어의 독음을 쓰시오.

53. 取得(　)　54. 看病(　)
55. 權利(　)　56. 快樂(　)
57. 端正(　)　58. 尊敬(　)
59. 密度(　)　60. 純益(　)
61. 到達(　)　62. 慶事(　)
63. 競爭(　)　64. 依存(　)
65. 禁止(　)　66. 修練(　)
67. 滿足(　)

● 다음 문장을 읽고 밑줄 친 부분이 뜻하는 한자를 <보기>에서 찾아 쓰시오.

보기　若 衆 冊 燈 最 容 節 論 兆

68. 친구들에게서 온 편지를 책으로 묶어 보관해 두었다. (　)

예상문제 [4급 2회]

69. 햇빛에 눈이 부셔 <u>얼굴</u>을 찡그리다.
    (   )

70. 양의 <u>무리</u>가 모두 한곳에 모여 있다.
    (   )

71. 그는 학문에 대하여 <u>논</u>하기를 좋아한다.
    (   )

72. 그 아이가 우리 반에서 <u>가장</u> 빠르다.
    (   )

73. <u>등잔</u> 밑이 어둡다. (   )

74. 지금의 나를 옛날의 나와 <u>같</u>을 거라고 오해하지 마라. (   )

● 다음 문장 중 한자어의 독음을 쓰시오.

75. **摩擦力**은 접촉면의 상태에 따라 크기가 달라진다. (   )

76. 용액에 녹아 있는 용질의 양이 많을수록 **濃度**가 짙다. (   )

77. 예방 주사를 맞은 사람은 그 병에 **免疫**이 되었다. (   )

78. 이번 영화에서 그 배우는 **臺本**에 충실한 연기를 펼쳤다. (   )

79. 비둘기를 평화의 **象徵**으로 삼다. (   )

80. 커피, 차, 담배의 원료인 **嗜好** 작물을 대량으로 재배하는 플랜테이션이 동남아시아에서 발전하였다. (   )

81. **祭政一致**의 사회에서는 족장이 하늘에 제사 지내는 일 등의 종교 의식도 주관하여 더욱 권위를 갖는다. (   )

82. 학창 시절의 **追憶**을 잊을 수가 없다. (   )

83. 운동을 시작하기 전에 준비 **體操**를 해야 한다. (   )

84. 요즈음 청소년들의 **隱語**는 나이 든 세대에서는 이해하기 어려운 경우가 많다. (   )

85. 가치가 **顚倒**되어 있는 상태에서는 무엇이 옳고 그른지 알 수가 없다. (   )

86. **氣團**과 날씨 사이에는 밀접한 관계가 있다. (   )

87. 교통과 통신 수단, 신문·라디오·텔레비전과 같은 **大衆媒體**의 발달은 대량 생산된 물건의 대량 소비를 가능하게 하였고, 대중 문화를 확산시켰다. (   )

● 다음 문장 중 (   ) 안의 단어를 한자로 쓰시오.

88. 아버지와 형의 (논쟁)은 그칠 줄을 몰랐다. (   )

89. 급변하는 사태에 대한 신속한 (대응)이 필요하다. (   )

90. 이빨이 몹시 아파서 (치과) 의원에 가서 앞니 세 개를 뺐다. (   )

91. 농작물이 (해충)에 시달리지 않도록 농약을 뿌렸다. (   )

92. 외국어를 유창하게 하기 위해서는 많은 (연습)이 필요하다. (   )

93. 임산부의 흡연은 태아의 건강에 나쁜 영향을 미친다는 (연구) 결과가 나왔다. (   )

예상문제 [4급 2회]

● 다음 문장 중 한자어의 잘못된 글자를 바르게 고쳐 쓰시오.

94. 불국사나 석굴암 같은 **危大**한 건축과 조각을 이룩한 예술가가 우리 조상이라는 사실이 자랑스럽다.
(→)

95. **習得**한 물건을 경찰서에 보냈다.
(→)

● 다음 한자성어의 설명을 읽고 □ 안에 들어갈 알맞은 한자를 〈보기〉에서 찾아 쓰시오.

보기	燈 爲 衆 馬 防 明 有 結 鷄 解

96. □口難□ (,)

의미	'여러 사람의 입은 막기가 어렵다' 는 뜻으로, 많은 사람이 마구 떠들어대는 소리는 감당하기 어렵다는 뜻

97. □者□之 (,)

의미	'맺은 사람이 그것을 풀어야 한다' 는 뜻으로, 일을 벌인 사람이 그 일을 마무리해야 한다는 뜻

98. □下不□ (,)

의미	'등잔 밑이 어둡다' 는 뜻으로, 가까이에 있는 물건이나 사람을 잘 찾지 못함을 이르는 말

99. □卵□骨 (,)

의미	'계란에 뼈가 있다' 는 뜻으로, 운이 나쁜 사람은 모처럼 좋은 기회가 와도 일이 잘 안 풀린다는 뜻

100. 指鹿□□ (,)

의미	'사슴을 가리켜 말이라 하다' 는 뜻으로, 윗사람을 농락하여 권세를 함부로 부리는 경우

한자자격시험 예상문제 [4급 3회]

객관식 (1~30번)

● 다음 [ ] 안의 한자와 음(소리)이 같은 한자는?

1. [除] ①假 ②製 ③協 ④純
2. [危] ①呼 ②應 ③爲 ④鄕
3. [謝] ①舍 ②保 ③松 ④拾
4. [究] ①往 ②乾 ③更 ④救
5. [勢] ①舌 ②怒 ③細 ④辛

● 다음 [ ] 안의 한자와 뜻이 상대(반대)되는 한자는?

6. [往] ①律 ②來 ③首 ④悲
7. [進] ①伐 ②敵 ③快 ④退
8. [減] ①增 ②想 ③舊 ④純

● 다음 [ ] 안의 한자와 뜻이 비슷(유사)한 한자는?

9. [爭] ①更 ②癸 ③競 ④禁
10. [恩] ①論 ②惠 ③他 ④倫

● 다음 〈보기〉의 낱말들과 가장 관련이 깊은 한자는?

11. 보기 주례 신부 청첩장
    ①救 ②解 ③婚 ④尊

12. 보기 소리 노래 말
    ①修 ②眼 ③徒 ④聽

13. 보기 주사기 재봉틀 고정핀
    ①針 ②端 ③精 ④唱

● 다음 설명이 뜻하는 한자어는?

14. 세금을 냄
    ①公演 ②價値 ③納稅 ④模倣

15. 필요한 상품을 얻고자 하는 일
    ①恐慌 ②需要 ③散策 ④慈悲

16. 사회 대중의 공통된 의견
    ①企業 ②適應 ③博覽 ④輿論

17. 만족할 만한 생활 환경, 행복
    ①勤勉 ②朋黨 ③福祉 ④莊園

18. 꾸밈이 없이 수수함
    ①天賦 ②寡占 ③儉素 ④汚染

19. 사랑하고 가엽게 여기는 마음
    ①配慮 ②慈悲 ③誇張 ④描寫

20. 기계가 한 일의 양과 소모된 에너지의 비율, 노력에 대하여 얻어진 결과의 정도
    ①效率 ②淸廉 ③追憶 ④肯定

21. 상품이나 기술 따위를 외국에서 들여옴
    ①機智 ②輸入 ③尊嚴 ④體操

22. 조선시대 백성에게 봄에 꾸어 주고 가을에 이자를 붙여 받아들이던 관청의 곡식
    ①還穀 ②埋藏 ③氣孔 ④縮尺

23. 상연을 목적으로 쓰여진 연극의 대본
    ①連帶 ②矜持 ③戱曲 ④隨筆

● 다음 문장 중 ( ) 안에 들어갈 한자어로 알맞은 것은?

24. 주 5일 근무로 많은 ( )시간을 사용할 수 있다.
    ①餘暇 ②令狀 ③恭敬 ④英雄

25. 인간은 자신의 ( ) 추구에 힘을 쏟는다.
    ①公演 ②摩擦 ③危害 ④價値

26. 윗 사람을 ( )하는 것은 효의 근본이다.
    ①考證 ②恭敬 ③尊嚴 ④行爲

예상문제 [4급 3회]

27. 조국의 ( )으로 이산가족이 많이 발생하였다.
  ① 價値 ② 書藝 ③ 分斷 ④ 反射

28. 설, 추석은 우리나라 최대의 ( )이다.
  ① 隔差 ② 名節 ③ 預金 ④ 飽和

29. 세계의 각 기업들은 석유가 ( )된 곳을 찾기 위해 혈안이 되어 있다.
  ① 趣向 ② 埋藏 ③ 最近 ④ 餘暇

30. 국어의 ( )은 자음 19개와 모음 21개로 이루어진다.
  ① 儉素 ② 心象 ③ 音韻 ④ 辭典

주관식 (31~100번)

● 다음 한자의 훈음을 쓰시오.

31. 擧 ( )　32. 飯 ( )
33. 將 ( )　34. 解 ( )
35. 舊 ( )　36. 保 ( )
37. 敵 ( )　38. 判 ( )
39. 雄 ( )　40. 聲 ( )
41. 造 ( )　42. 婚 ( )
43. 務 ( )　44. 遇 ( )
45. 脫 ( )

● 다음 □ 안에 공통으로 들어갈 한자를 〈보기〉에서 찾아 쓰시오.

| 보기 | 減 散 細 治 變 最 唱 |

46. 集□, 解□, □發 ( )
47. □安, 完□, 法□ ( )
48. □化, □心, □異 ( )
49. □高, □適, □上 ( )

● [가로열쇠]와 [세로열쇠]를 읽고, 빈칸에 공통으로 들어갈 한자를 쓰시오.

50. 風□談
  가로열쇠: 민중의 지혜가 응축되어 널리 구전되는 민간 격언
  세로열쇠: 옛날부터 전해 내려오는 생활 전반에 걸친 습관 따위

51. 感□念
  가로열쇠: 마음속에서 일어나는 느낌이나 생각
  세로열쇠: 마음속에 품고 있는 여러 가지 생각

52. 是□識
  가로열쇠: 사물을 분별하고 판단하여 앎
  세로열쇠: 옳다고 또는 그러하다고 인정함

● 다음 한자어의 독음을 쓰시오.

53. 義務 ( )　54. 耕作 ( )
55. 希望 ( )　56. 過密 ( )
57. 均等 ( )　58. 最適 ( )
59. 景觀 ( )　60. 法律 ( )
61. 節約 ( )　62. 逆說 ( )
63. 祝祭 ( )　64. 悲劇 ( )
65. 恩師 ( )　66. 快活 ( )
67. 親舊 ( )

● 다음 문장을 읽고 밑줄 친 부분이 뜻하는 한자를 〈보기〉에서 찾아 쓰시오.

| 보기 | 依 競 察 異 最 取 聲 論 雄 |

68. 동생이 공을 가지고 학교에 갔다. ( )
69. 나라에 따라 가격의 표시법이 다를 수 있다. ( )
70. 그는 종교에 의지하며 살았다. ( )
71. 강아지가 배가 고픈지 낑낑거리는 소리를 낸다. ( )
72. 이 문제는 촌각을 다툴 만큼 몹시 절박하고 급하다. ( )
73. 뱀은 배 아래가 불룩한 것이 수컷이다. ( )

예상문제 [4급 3회]

74. 그는 주변을 살피며 낮은 목소리로 말했다. (　　)

● **다음 문장 중 한자어의 독음을 쓰시오.**

75. 그 상품은 청소년들 사이에서 **需要**가 급증하고 있다. (　　)

76. **環境** 오염이 점점 심해지고 있다. (　　)

77. 십팔 세가 되던 해 그는 고을 사또의 **推薦**을 받고 과거시험에 응했다. (　　)

78. 하나의 **形態素**가 하나의 낱말을 이룰 수도 있다. (　　)

79. **血緣**이나 지연, 학연보다는 능력으로 대우받을 수 있는 사회가 건전하다. (　　)

80. **揭示板**에는 사원 모집 공고문이 나붙었다. (　　)

81. 대한 민국의 **經濟** 질서는 개인과 기업의 경제상의 자유와 창의를 존중함을 기본으로 한다. (　　)

82. 흡연자가 후두암에 걸릴 **確率**이 비흡연자보다 훨씬 높은 것으로 나타났다. (　　)

83. 우리나라의 자연은 외국인에게 자랑할 만한 **價値**가 있다. (　　)

84. 민주 시민 사회는 인간의 능력을 믿고 각자의 개성을 존중하는 **多元社會**로 나타난다. (　　)

85. 대동회전이란 책은 명나라 임금의 어명을 받아서 국가의 권위로서 편찬한 정중한 **辭典**의 하나이다. (　　)

86. 우리 나라는 남북 **分斷**으로 국방비에 막대한 비용이 들어가는 등 국력이 낭비되고 있다. (　　)

87. 아버지는 매일 아침 **散策** 삼아 마을 뒷산에서 약수를 떠 오신다. (　　)

● **다음 문장 중 (　) 안의 단어를 한자로 쓰시오.**

88. 고속버스에 (좌석)이 없어서 우리는 서서 가야만 했다. (　　)

89. 이번 달 수출이 월별 실적으로는 사상 (최고)를 기록했다. (　　)

90. 박물관에는 고려·조선 시대의 회화와 도자기를 비롯해 불교 회화, (서예) 등 여러 전시품이 있다. (　　)

91. 그는 이번 (양궁) 대회에서 90%의 적중률을 자랑했다. (　　)

92. 그 성당은 규모가 (웅대)하고 장엄하였다. (　　)

93. 대한민국 정부는 국민과 외국에 대하여 정식으로 한국의 (독립)을 선포하는 성대한 식전을 거행하였다. (　　)

● **다음 문장 중 한자어의 잘못된 글자를 바르게 고쳐 쓰시오.**

94. 많은 사람이 금전의 **探救**를 위하여 귀한 일생을 허비한다.
(　　 → 　　)

95. 그는 타향에서 젊은 날을 보내고 말년에 **故香**으로 돌아왔다.
(　　 → 　　)

예상문제 [4급 3회]

● 다음 한자성어의 설명을 읽고 □ 안에 들어갈 알맞은 한자를 〈보기〉에서 찾아 쓰시오.

보기	害 敵 鼻 夫 獨 將 婦 益 吾 者

96. 百□無□ (,   )

의미	모든 면에서 해로울 뿐, 이로움이 전혀 없음

97. □不□軍 (,   )

의미	'혼자서는 장군을 할 수 없다' 는 뜻으로, 남의 의견은 무시하고 모든 일을 자신의 마음대로만 처리하는 사람

98. 仁□無□ (,   )

의미	'어진 사람에게는 적이 없다' 는 뜻으로, 어진 사람은 모든 사람을 사랑하므로 천하에 적이 없다는 말

99. □□三尺 (,   )

의미	'내 코가 석자' 라는 뜻으로, 내 사정이 급하여 남을 돌볼 여유가 없는 경우

100. □唱□隨 (,   )

의미	'남편이 창을 하면 아내도 따라 한다' 는 뜻으로, 남편의 주장에 아내가 따르는 것이 부부 화합의 도리라는 뜻

한자자격시험 기출문제 [준4급 1회]

객관식 (1~30번)

● 다음 [ ] 안의 한자와 음(소리)이 같은 한자는?

1. [再] ①永 ②材 ③回 ④次
2. [守] ①寸 ②村 ③客 ④樹
3. [充] ①求 ②運 ③忠 ④流
4. [視] ①始 ②神 ③姉 ④禮
5. [敗] ①財 ②貝 ③數 ④貯

● 다음 [ ] 안의 한자와 뜻이 상대(반대) 되는 한자는?

6. [臣] ①卒 ②罪 ③君 ④因
7. [暗] ①明 ②期 ③時 ④進
8. [貧] ①番 ②賞 ③富 ④報

● 다음 [ ] 안의 한자와 뜻이 비슷(유사)한 한자는?

9. [算] ①等 ②詩 ③答 ④計
10. [爭] ①支 ②戰 ③愛 ④令

● 다음 〈보기〉의 낱말들과 관련이 깊은 한자는?

11. 보기 | 아파트 주소 초가집
    ①屋 ②領 ③個 ④例

12. 보기 | 꽃 향수 허브
    ①勞 ②兒 ③香 ④敬

13. 보기 | 코뿔소 녹용 도깨비
    ①角 ②業 ③早 ④幸

● 다음 [ ] 안의 한자어를 바르게 읽은 것은?

14. [存在] ①재존 ②자존 ③존재 ④자재
15. [氏族] ①시족 ②저속 ③지속 ④씨족
16. [現場] ①견장 ②현장 ③현양 ④견양
17. [要約] ①요적 ②여적 ③요약 ④여약
18. [親庭] ①친정 ②신정 ③친접 ④신점

● 다음 설명이 뜻하는 한자어는?

19. 다른 것을 본뜨거나 본받음
    ①寬容 ②隱語 ③模倣 ④常識

20. 지나간 일을 돌이켜 생각함
    ①刑法 ②經驗 ③清廉 ④追憶

21. 기체가 액체로 변하는 현상
    ①液化 ②抽出 ③干拓 ④倭亂

22. 벼슬아치를 뽑기 위하여 보이던 시험
    ①維新 ②科擧 ③莊園 ④妥協

23. 어떤 문제를 두고, 여러 사람이 의견을 말하여 옳고 그름을 따져 논의함
    ①月蝕 ②連帶 ③山脈 ④討論

● 다음 문장 중 ( ) 안에 들어갈 한자어로 알맞은 것은?

24. 그와 ( )가 같아서 대화가 잘 통한다.
    ①儉素 ②隨筆 ③趣味 ④胡亂

기출문제 [준4급 1회]

25. 이 시에서 시각적 ( )이 잘 드러난 표현들을 찾아보자.
   ① 溶解   ② 心象   ③ 慈悲   ④ 殉葬

26. 지나친 에어컨의 사용으로 전력 ( )가 증가되었다.
   ① 消費   ② 革命   ③ 呼應   ④ 慣性

27. 공주는 백제의 문화재가 풍부한 관광 ( )이다.
   ① 民譚   ② 都市   ③ 疏通   ④ 機智

28. 일상생활 속에서 ( )을 보호하는 것은 우리 모두의 일이다.
   ① 平衡   ② 分析   ③ 志操   ④ 環境

29. 지나친 스트레스는 ( )기능을 둔화시킨다.
   ① 免疫   ② 辭典   ③ 氣孔   ④ 旅程

30. 수묵화는 먹물의 ( )를 조절하여 그림을 그린다.
   ① 投票   ② 還穀   ③ 私法   ④ 濃度

주관식 (31~100번)

● 다음 한자의 훈(뜻)과 음(소리)을 쓰시오.

31. 葉 ( )   32. 完 ( )
33. 統 ( )   34. 熱 ( )
35. 橋 ( )   36. 億 ( )
37. 效 ( )   38. 致 ( )
39. 師 ( )   40. 氷 ( )
41. 試 ( )   42. 雲 ( )
43. 季 ( )   44. 黑 ( )
45. 買 ( )

● 다음 □ 안에 공통으로 들어갈 한자를 〈보기〉에서 찾아 쓰시오.

| 보기 | 然 落 集 價 訓 |

46. 敎□, 校□, □話 ( )
47. □合, □中, □會 ( )
48. 物□, 高□, 油□ ( )
49. 下□, 登□, □第 ( )

● [가로열쇠]와 [세로열쇠]를 읽고, 빈칸에 공통으로 들어갈 한자를 쓰시오.

50. 意/行
   - 가로열쇠: 착한 마음
   - 세로열쇠: 착하고 어진 행실

51. 住/地
   - 가로열쇠: 집을 지을 땅
   - 세로열쇠: 사람이 살 수 있게 지은 집

52. 特/長
   - 가로열쇠: 가장 잘하는 재주
   - 세로열쇠: 남이 가지지 못한 특별한 기능

● 다음 한자어의 독음을 쓰시오.

53. 鐵窓 ( )   54. 傳記 ( )
55. 問責 ( )   56. 道德 ( )
57. 比重 ( )   58. 信號 ( )
59. 面談 ( )   60. 小說 ( )
61. 眞理 ( )   62. 品種 ( )
63. 固體 ( )   64. 畵室 ( )
65. 給水 ( )   66. 代案 ( )
67. 順序 ( )

● 다음 글을 읽고 밑줄 친 부분이 뜻하는 한자를 〈보기〉에서 찾아 쓰시오.

우리는 [68]빨갛게 잘 익은 사과를 먹으면서 농부의 정성과 [69]따뜻한 햇볕, 그리고 적당한 비의 고마움을 [70]느낀다. 사과는 저절로 먹음직스러운 사과가 된 것이 아니라 이러한 여러 가지가 함께 어우러져 맛있게 잘

기출문제 [준4급 1회]

익은 사과 71)**열매로** 72)**맺어지**는 것이다. 사람도 마찬가지이다. 사람은 태어나서 혼자 살아가지 못한다. 많은 사람들과 73)**서로** 도움과 정을 주고받으면서 살아간다. 다른 사람의 74)**도움**을 받지 않고 살 수 있는 사람은 한 명도 없기 때문에 우리는 삶의 과정 속에서 도움을 준 사람들에게 고마움을 표시하게 되는 것이다.

보기	相 溫 結 助 患 祝 赤 感 實

68. (　　　)　69. (　　　)
70. (　　　)　71. (　　　)
72. (　　　)　73. (　　　)
74. (　　　)

● 다음 문장 중 한자어의 독음을 쓰시오.

75. 사진의 **背景**이 정말 아름답다. (　　　)

76. 주말에 공원으로 **散策**을 나갔다. (　　　)

77. 그는 내심 **肯定的**인 답변을 기대했다. (　　　)

78. 날아오는 축구공을 **反射**적으로 피했다. (　　　)

79. 베이징 올림픽 기념우표가 **發賣**될 예정이다. (　　　)

80. 심훈의 '그날이 오면'은 대표적인 **抵抗**시이다. (　　　)

81. 모든 국민은 인간으로서의 **尊嚴**과 가치를 가진다. (　　　)

82. 그녀는 이웃을 위해 **奉仕**하는 따뜻한 마음을 지녔다. (　　　)

83. 은하는 별과 **星團**, 그리고 성운으로 이루어져 있다. (　　　)

84. 중력은 **質量**에 비례하고, 거리의 제곱에 반비례한다. (　　　)

85. 무분별한 세제의 사용은 심각한 수질 **汚染**을 초래한다. (　　　)

86. 그는 부단한 노력과 **忍耐**의 과정을 거쳐 자신의 꿈을 이루었다. (　　　)

87. 재외 동포에게도 **參政權**을 부여해야 한다는 논의가 이루어졌다. (　　　)

● 다음 문장 중 (　) 안의 단어를 한자로 쓰시오.

88. 올해 농사는 (작년)에 비해 풍작이었다. (　　　)

89. 예쁜 인형들이 진열된 (상점) 앞을 지나갔다. (　　　)

90. 자신의 이익보다는 (타인)을 위한 배려가 절실히 필요하다. (　　　)

91. 할아버지께서는 마을의 (원로)로서 자문 역할을 맡고 계신다. (　　　)

92. 인간과 원숭이는 몇 백만 년 전의 같은 조상에서 (유래)되었다고 한다. (　　　)

93. 무리하게 목표를 정하는 것보다 실현(가능)한 목표를 정해야 한다. (　　　)

● 다음 문장 중 한자어의 잘못된 글자를 바르게 고쳐 쓰시오.

94. **孝成**이 지극한 그는 어머니를 정성껏 모셨다.
(　　　→　　　)

95. 우리나라는 유구하고도 자랑스러운 **歷使**를 가지고 있다.
(　　　→　　　)

기출문제 [준4급 1회]

● 다음 한자성어의 설명을 읽고 □ 안에 들어갈 알맞은 한자를 〈보기〉에서 찾아 쓰시오.

| 보기 | 終 良 初 義 利 知 鳥 苦 |

96. □音 (　　　)

| 의미 | '거문고 소리를 듣고 안다' 는 뜻으로, 마음이 서로 통하는 친한 벗을 비유 적으로 이르는 말 |

97. 一石二□ (　　　)

| 의미 | '돌 한 개를 던져 새 두 마리를 잡는다' 는 뜻으로, 동시에 두 가지 이득을 봄을 이르는 말 |

98. 見□思□ (　　,　　)

| 의미 | 눈앞에 이익이 보일 때, 의리를 먼저 생각함 |

99. 自□至□ (　　,　　)

| 의미 | 처음부터 끝까지의 과정 |

100. □門□鍼 (　　,　　)

| 의미 | '정수리에 하나의 침을 놓는다' 는 뜻으로, 한 마디의 따끔한 충고를 뜻함 |

한자자격시험 기출문제 [준4급 2회]

객관식 (1~30번)

● 다음 [ ] 안의 한자와 음(소리)이 같은 한자는?

1. [技] ① 止 ② 章 ③ 基 ④ 才
2. [島] ① 到 ② 烏 ③ 馬 ④ 邑
3. [使] ① 便 ② 在 ③ 仕 ④ 休
4. [園] ① 圖 ② 南 ③ 醫 ④ 願
5. [他] ① 表 ② 打 ③ 代 ④ 多

● 다음 [ ] 안의 한자와 뜻이 상대(반대) 되는 한자는?

6. [惡] ① 善 ② 價 ③ 念 ④ 冷
7. [貧] ① 老 ② 存 ③ 說 ④ 富
8. [低] ① 遠 ② 高 ③ 氏 ④ 左

● 다음 [ ] 안의 한자와 뜻이 비슷(유사)한 한자는?

9. [卒] ① 等 ② 城 ③ 兵 ④ 君
10. [兒] ① 雨 ② 童 ③ 回 ④ 兄

● 다음 〈보기〉의 낱말들과 관련이 깊은 한자는?

11. 보기 | 무지개 우산 장마철
    ① 雨 ② 支 ③ 香 ④ 色

12. 보기 | 생일 입학 졸업
    ① 姊 ② 祝 ③ 葉 ④ 夏

13. 보기 | 더하기 곱하기 나누기
    ① 甘 ② 次 ③ 算 ④ 億

● 다음 [ ] 안의 한자어를 바르게 읽은 것은?

14. [否定] ① 인정 ② 부정 ③ 미정 ④ 지정
15. [流動] ① 유동 ② 율동 ③ 유통 ④ 충동
16. [參加] ① 참고 ② 삼가 ③ 참여 ④ 참가
17. [廣野] ① 황폐 ② 광장 ③ 광야 ④ 황야
18. [未決] ① 미결 ② 말기 ③ 말세 ④ 미비

● 다음 설명이 뜻하는 한자어는?

19. 검찰권을 행사하는 사법관
    ① 儉素 ② 檢事 ③ 臺本 ④ 作用
20. 맡아서 해야 할 임무나 의무
    ① 寬容 ② 形態 ③ 競爭 ④ 責任
21. 사람의 마음에 일어나는 여러 가지 감정
    ① 王政 ② 都市 ③ 情緖 ④ 因習
22. 사물이 한쪽으로 기울지 않고 안정해 있음
    ① 平衡 ② 金融 ③ 絶對 ④ 民譚
23. 자신의 능력을 믿음으로써 가지는 당당함
    ① 司法 ② 矜持 ③ 地球 ④ 干拓

● 다음 문장 중 ( ) 안에 들어갈 한자어로 알맞은 것은?

24. 좁은 지역에 많은 사람들이 살고 있을 때, '인구 ( )가 높다'고 한다.
    ① 音韻 ② 思想 ③ 質量 ④ 密度

기출문제 [준4급 2회]

25. 조선 시대에는 (　)를 통해 훌륭한 인재가 많이 배출되었다.
    ① 科擧　② 辭典　③ 旅程　④ 革命

26. 착하고 순한 사람은 흔히 양에 (　)된다.
    ① 曲調　② 主義　③ 比喩　④ 寒帶

27. 두 물체를 (　)시키면 열이 발생한다.
    ① 匿名　② 勢道　③ 帝國　④ 摩擦

28. (　)에는 일기, 편지, 기행문 등이 있다.
    ① 勤務　② 隨筆　③ 封建　④ 公的

29. 다른 사람을 (　)할 줄 알아야 한다.
    ① 配慮　② 精神　③ 根據　④ 背景

30. 홍콩, 싱가포르는 중계(　)의 중심지가 되는 항구이다.
    ① 中華　② 漁村　③ 貿易　④ 功臣

주관식 (31~100번)

● 다음 한자의 훈(뜻)과 음(소리)을 쓰시오.

31. 角 (　)　32. 能 (　)
33. 德 (　)　34. 落 (　)
35. 武 (　)　36. 奉 (　)
37. 仙 (　)　38. 屋 (　)
39. 赤 (　)　40. 初 (　)
41. 特 (　)　42. 必 (　)
43. 湖 (　)　44. 星 (　)
45. 由 (　)

● 다음 □ 안에 공통으로 들어갈 한자를 〈보기〉에서 찾아 쓰시오.

보기	軍　相　求　進　河

46. 要□, □人, □愛 (　)
47. □川, 氷□, 大□ (　)
48. 海□, □士, 空□ (　)
49. □行, □化, 前□ (　)

● [가로열쇠]와 [세로열쇠]를 읽고, 빈칸에 공통으로 들어갈 한자를 쓰시오.

50. 買／場　가로열쇠: 물건을 팔고 사는 일
　　　　　세로열쇠: 물건을 파는 장소

51. 無／識　가로열쇠: 아는 것이 없음
　　　　　세로열쇠: 어떤 대상에 대해 알게 된 명확한 인식이나 이해

52. 觀／夜　가로열쇠: 어둠 속에서 빛을 냄
　　　　　세로열쇠: 다른 나라나 지방에 가서 풍경, 풍습, 문물 등을 구경함

● 다음 한자어의 독음을 쓰시오.

53. 始終 (　)　54. 考案 (　)
55. 視線 (　)　56. 忠實 (　)
57. 熱氣 (　)　58. 宿題 (　)
59. 效果 (　)　60. 冬至 (　)
61. 發展 (　)　62. 所望 (　)
63. 統計 (　)　64. 許可 (　)
65. 期待 (　)　66. 白雪 (　)
67. 序頭 (　)

● 다음 글을 읽고 밑줄 친 부분이 뜻하는 한자를 〈보기〉에서 찾아 쓰시오.

내가 부모님 다음으로 [68]좋아하는 사람은 바로 초등학교 친구들이다. 아직 중학교에서 마음이 [69]통하는 친구를 [70]사귀지 못했기 때문이다. 그 친구들은 내가 화가 나 있으면, 웃기는 말로 화를 풀어주고, [71]시험을 못 봐 우울해하면 다정하게 위로해주기에 [72]항상 마음 편하게 만날 수 있다. 우리는 주로 일요일에 만나 [73]집에서 컴퓨터 게임을 같이 하거나 학교 운동장에서 [74]몸을 부딪치며 농구나 축구를 하면서 우정을 다진다.

기출문제 [준4급 2회]

보기	宅 通 守 常 交 好 固 體 試

68. (　　　)　　69. (　　　)
70. (　　　)　　71. (　　　)
72. (　　　)　　73. (　　　)
74. (　　　)

● 다음 문장 중 한자어의 독음을 쓰시오.

75. 그는 **意志**가 강한 사람이다. (　　　)

76. 우리 언니는 요리가 **趣味**이다. (　　　)

77. 어머니께서 **改良**한복을 사 주셨다.
(　　　)

78. 관찰 실험의 결과를 **分析**해 보았다.
(　　　)

79. 아침 자습을 학생들의 **自律**에 맡겼다.
(　　　)

80. 우리나라는 반만년의 **歷史**를 자랑한다.
(　　　)

81. 독서는 간접 **經驗**의 가장 좋은 방법이다.
(　　　)

82. 장난감을 전문으로 판매하는 **商店**이 문을 열었다. (　　　)

83. 경기가 시작되기 전에 국기에 대한 **敬禮**를 했다. (　　　)

84. 농산물의 유통경로가 줄어들면 **消費者** 가격도 내려간다. (　　　)

85. 신선한 **材料**로 요리를 하면 음식의 맛이 더욱 좋아진다. (　　　)

86. 이솝**寓話**는 동식물이나 기타 사물을 의인화하여 쓴 소설이다. (　　　)

87. 신라의 화랑도는 우수한 청소년을 **養成**하는 교육단체이다. (　　　)

● 다음 문장 중 (　) 안의 단어를 한자로 쓰시오.

88. 수평선 위로 붉은 (태양)이 떠올랐다.
(　　　)

89. 그의 (선견)지명으로 사고를 피할 수 있었다. (　　　)

90. 그는 전기의 (원리)를 이용하여 많은 발명품을 만들었다. (　　　)

91. 운전자 뿐 아니라 승객들도 (안전)띠를 반드시 착용해야한다. (　　　)

92. (조회)시간에 교장선생님께서 새로 오신 선생님을 소개하셨다. (　　　)

93. 오래 된 은행나무가 웅장한 저택에 (품위)와 위엄을 더해 주고 있다. (　　　)

● 다음 문장 중 한자어의 잘못된 글자를 바르게 고쳐 쓰시오.

94. **姓別**에 따른 차별이 없는 것을 남녀평등이라고 한다.
(　　　→　　　)

95. 우리 팀은 **後反**에 극적인 역전으로 우승을 차지하였다.
(　　　→　　　)

기출문제 [준4급 2회]

● 다음 한자성어의 설명을 읽고 □ 안에 들어갈 알맞은 한자를 <보기>에서 찾아 쓰시오.

보기	戰 傳 備 以 敗 患 助

96. □長 (　　　　)

의미	'도와서 자라나게 한다' 는 뜻이지만, 흔히 어떤 경향이 더 심해지도록 부추긴다는 뜻으로 쓰임

97. □家亡身 (　　　　)

의미	집안의 재산을 모두 탕진하고 자신의 몸을 망침

98. 有□無□ (　　,　　)

의미	'준비가 있으면 근심이 없음' 이라는 뜻으로, 어떤 일에 미리 대비하면 걱정할 것이 없다는 말

99. □心□心 (　　,　　)

의미	'마음으로 마음을 전한다' 는 뜻으로, 말로 하지 않아도 서로 마음이 통하는 경우

100. 山□水□ (　　,　　)

의미	'산에서의 싸움, 물에서의 싸움' 이란 뜻으로, 세상의 온갖 고난과 어려움을 다 겪어 경험이 많음을 이름

한자자격시험 기출문제 [4급 1회]

객관식 (1~30번)

● 다음 [ ] 안의 한자와 음(소리)이 같은 한자는?

1. [散] ①甲 ②致 ③産 ④敎
2. [精] ①衆 ②井 ③課 ④淸
3. [印] ①引 ②丙 ③壬 ④申
4. [競] ①承 ②庚 ③戌 ④癸
5. [持] ①政 ②細 ③造 ④指

● 다음 [ ] 안의 한자와 뜻이 상대(반대)되는 한자는?

6. [私] ①假 ②公 ③保 ④認
7. [着] ①發 ②房 ③看 ④察
8. [鄕] ①密 ②復 ③京 ④兆

● 다음 [ ] 안의 한자와 뜻이 비슷(유사)한 한자는?

9. [充] ①依 ②滿 ③舍 ④官
10. [探] ①修 ②打 ③拾 ④訪

● 다음 〈보기〉의 낱말들과 관련이 깊은 한자는?

11. 보기 | 연꽃 석가모니 불교
    ①妙 ②佛 ③齒 ④卯

12. 보기 | 냄새 코끼리 호흡
    ①列 ②佳 ③達 ④鼻

13. 보기 | 청첩장 함 청실홍실
    ①句 ②婚 ③將 ④是

● 다음 설명이 뜻하는 한자어는?

14. 둘 이상으로 나누어 끊음
    ①隔差 ②輸入 ③分斷 ④宇宙

15. 꾸밈이 없이 수수함
    ①儉素 ②聯想 ③慣性 ④慈悲

16. 곧은 뜻과 굳은 마음
    ①檢事 ②志操 ③情緖 ④衛星

17. 상연을 목적으로 쓰여진 연극의 대본
    ①降水 ②國寶 ③脈絡 ④戱曲

18. 땅이 흔들리고 갈라지는 지각 변동 현상
    ①維新 ②尊嚴 ③地震 ④嗜好

19. 직장생활과 공부로부터 벗어난 자유로운 시간
    ①餘暇 ②抵抗 ③天賦 ④寬容

20. 지나간 일을 돌이켜 생각함
    ①輿論 ②追憶 ③反映 ④縮尺

21. 말의 뜻을 구별해 주는 소리의 가장 작은 단위
    ①連帶 ②推薦 ③還穀 ④音韻

22. 값어치, 어떤 사물이 지니고 있는 의의와 중요성
    ①隨筆 ②實踐 ③價値 ④心象

23. 사람이나 물건에 대한 강제 처분을 내용으로 하여 법원이 발부하는 문서
    ①令狀 ②巖石 ③紐帶 ④貿易

● 다음 문장 중 ( ) 안에 들어갈 한자어로 알맞은 것은?

24. 그의 성공은 충분히 ( )된 일이었다.
    ①朋黨 ②豫見 ③莊園 ④寡占

25. 최근 학생들이 표준어보다는 ( )나 속어를 사용하는 빈도가 높아지고 있다.
    ①經濟 ②預金 ③隱語 ④地層

기출문제 [4급 1회]

26. 아름다운 산을 (　)으로 가족과 함께 사진을 찍었다.
　① 背景　② 誇張　③ 比喩　④ 含蓄

27. 강압과 충돌이 아닌 대화와 (　)을 통해 문제를 해결하여야 한다.
　① 效率　② 根據　③ 殉葬　④ 妥協

28. 학급 회의 시간에 양성 평등을 주제로 열띤 (　)을 벌였다.
　① 干拓　② 討論　③ 恐慌　④ 汚染

29. 선생님께서는 항상 (　)과 성실을 강조하신다.
　① 勤勉　② 需要　③ 顚倒　④ 可採

30. 비행기가 이륙할 때 (　)의 차이로 귀가 멍멍해진다.
　① 放縱　② 濃度　③ 氣壓　④ 金融

주관식 (31~100번)

● 다음 한자의 훈(뜻)과 음(소리)을 쓰시오.

31. 針 (　　)　32. 拜 (　　)
33. 弓 (　　)　34. 受 (　　)
35. 偉 (　　)　36. 停 (　　)
37. 及 (　　)　38. 均 (　　)
39. 逆 (　　)　40. 眼 (　　)
41. 片 (　　)　42. 適 (　　)
43. 謝 (　　)　44. 街 (　　)
45. 榮 (　　)

● 다음 □ 안에 공통으로 들어갈 한자를 〈보기〉에서 찾아 쓰시오.

| 보기 | 增 | 處 | 治 | 除 | 變 |

46. □方, □所, □女 (　　)
47. 不□, □化, 急□ (　　)
48. □加, □強, □大 (　　)
49. □名, □外, □去 (　　)

● [가로열쇠]와 [세로열쇠]를 읽고, 빈칸에 공통으로 들어갈 한자를 쓰시오.

50.
| 　 | 歌 |
| 祭 | 　 |

| 가로열쇠 | 축하의 뜻을 담은 노래 |
| 세로열쇠 | 축하하여 벌이는 큰 규모의 행사 |

51.
| 　 | 告 |
| 臣 | 　 |

| 가로열쇠 | 남의 결함이나 잘못을 진심으로 타이름 |
| 세로열쇠 | 나라와 임금을 위하여 충절을 다하는 신하 |

52.
| 　 | 一 |
| 純 | 　 |

| 가로열쇠 | 단 하나로 되어 있음 |
| 세로열쇠 | 복잡하지 않고 간단함 |

● 다음 한자어의 독음을 쓰시오.

53. 限界 (　　)　54. 暴惡 (　　)
55. 恩惠 (　　)　56. 遺骨 (　　)
57. 快擧 (　　)　58. 禁止 (　　)
59. 辛苦 (　　)　60. 聽取 (　　)
61. 尊敬 (　　)　62. 希望 (　　)
63. 接待 (　　)　64. 寒波 (　　)
65. 倫理 (　　)　66. 窓戶 (　　)
67. 財貨 (　　)

● 다음 글을 읽고 밑줄 친 부분이 뜻하는 한자를 〈보기〉에서 찾아 쓰시오.

섬집아기
　　　　　　　　　한인현

엄마가 [68)]섬 [69)]그늘에 굴 따러 가면
아기는 [70)]혼자 남아 집을 보다가
바다가 [71)]불러 주는 자장노래에
스르르 팔을 베고 잠이 듭니다.
아기는 잠을 곤히 [72)]자고 있지만
갈매기 울음 [73)]소리 맘이 설레어
반도 못 찬 굴 바구니 머리에 이고
엄마는 모랫길을 [74)]달려옵니다.

기출문제 [4급 1회]

| 보기 | 聲 陰 往 唱 宿 走 鳥 笑 獨 |

68. (　　　)　　69. (　　　)
70. (　　　)　　71. (　　　)
72. (　　　)　　73. (　　　)
74. (　　　)

● 다음 문장 중 한자어의 독음을 쓰시오.

75. 그는 **脫稅** 혐의로 수사를 받고 있다.
　　(　　　)

76. 각자의 **趣向**에 따라 음식을 주문하였다.
　　(　　　)

77. 노약자나 장애인에 대한 **配慮**가 필요하다. (　　　)

78. 21세기 **尖端** 과학시대에 세계의 주역이 되자. (　　　)

79. 우리는 유적지를 도보로 이동하며 **踏査**하였다. (　　　)

80. 전통음식에는 인공**甘味料**를 첨가하지 않는다. (　　　)

81. 경기장에 입장하기 위해 **秩序**정연하게 줄을 서 있었다. (　　　)

82. 반 대표를 뽑기 위해 **投票**를 실시하였다. (　　　)

83. 수출증대로 인한 경제전반에 긍정적 **效果**가 기대된다. (　　　)

84. 그는 항상 발로 뛰면서 시장의 변화를 조사하고 **硏究**했다. (　　　)

85. 만우절에 세계의 언론들은 **誤報**소동을 일으키기도 한다. (　　　)

86. 현대 사회를 사는 사람들은 여러 가지 **症候群**에 노출되어 있다. (　　　)

87. 여름철 식중독 사고에 신속하게 **對應**하기 위한 예방시스템을 구축하였다.
　　(　　　)

● 다음 문장 중 (　) 안의 단어를 한자로 쓰시오.

88. 독서를 통해 새로운 (지식)을 얻는다.
　　(　　　)

89. 농촌인구가 점차 (감소)되는 추세이다.
　　(　　　)

90. 기후변화에 따라 철새의 (이동)이 이루어진다. (　　　)

91. 이번 토론회는 방청객의 적극적인 (참여)를 유도했다. (　　　)

92. 올림픽에 출전하는 대한민국 선수들의 (필승)을 기원한다. (　　　)

93. 국가의 권력 (집중)을 막기 위해 입법권, 사법권, 행정권이 분리되어 있다.
　　(　　　)

● 다음 문장 중 한자어의 잘못된 글자를 바르게 고쳐 쓰시오.

94. 사람들이 그를 **主目**하였다.
　　(　　　→　　　)

95. 글쓴이의 **효長**을 이해하기 위해 반복해서 읽었다.
　　(　　　→　　　)

기출문제 [4급 1회]

● 다음 한자성어의 설명을 읽고 □ 안에 들어갈 알맞은 한자를 〈보기〉에서 찾아 쓰시오.

보기	親 判 異 耕 得 燈 同 書 業 晝

96. 大□小□ (   )

의미	큰 차이 없이 거의 같음

97. 自□自□ (   )

의미	자기가 저지른 일의 결과를 자기 자신이 받음

98. □火可□ (,   )

의미	'등불을 가까이할 만하다' 는 뜻으로, 서늘한 가을밤은 등불을 가까이하여 글 읽기에 좋음을 이르는 말

99. □□夜 讀 (,   )

의미	'낮에는 농사를 짓고, 밤에는 글을 읽는다' 는 뜻으로, 어려운 여건 속에서도 꿋꿋이 공부함을 이르는 말

100. 身言□□ (,   )

의미	중국 당나라 때 관리를 등용하는 기준으로 삼았던 '신수·말씨·글씨·판단력' 의 네 가지를 이르는 말

한자자격시험 기출문제 [4급 2회]

객관식 (1~30번)

● 다음 [ ] 안의 한자와 음(소리)이 같은 한자는?

1. [俗] ①假 ②續 ③浴 ④純
2. [戶] ①呼 ②處 ③造 ④製
3. [端] ①滿 ②盛 ③單 ④選
4. [舍] ①往 ②寺 ③更 ④忘
5. [申] ①甲 ②骨 ③巳 ④辛

● 다음 [ ] 안의 한자와 뜻이 상대(반대) 되는 한자는?

6. [尾] ①律 ②久 ③首 ④非
7. [陸] ①海 ②敵 ③應 ④勢
8. [因] ①酉 ②果 ③辰 ④冊

● 다음 [ ] 안의 한자와 뜻이 비슷(유사)한 한자는?

9. [巨] ①大 ②小 ③中 ④少
10. [異] ①論 ②則 ③他 ④倫

● 다음 〈보기〉의 낱말들과 관련이 깊은 한자는?

11. 보기 | 마라톤 100M 운동화
    ①救 ②蟲 ③寅 ④走
12. 보기 | 산 계곡 골짜기
    ①修 ②谷 ③伐 ④其
13. 보기 | 방패 병마개 방충망
    ①防 ②婦 ③斗 ④溪

● 다음 설명이 뜻하는 한자어는?

14. 세금을 냄
    ①干拓 ②多元 ③納稅 ④模倣

15. 사랑하고 가엽게 여기는 마음
    ①恐慌 ②突然 ③免疫 ④慈悲

16. 시장 경제에서의 생산의 주체
    ①企業 ②嗜好 ③博覽 ④敍述

17. 뜻이 같은 사람끼리 모인 단체
    ①降水 ②朋黨 ③紐帶 ④莊園

18. 하늘이 줌, 선천적으로 타고남
    ①天賦 ②寡占 ③販賣 ④汚染

19. 사실보다 지나치게 불려서 나타냄
    ①配慮 ②散策 ③誇張 ④描寫

20. 성품과 행실이 높고 맑으며, 탐욕이 없음
    ①懶怠 ②淸廉 ③情緖 ④肯定

21. 상품이나 기술 따위를 외국에서 들여옴
    ①機智 ②脈絡 ③尊嚴 ④輸入

22. 잎의 표피에 있는 구멍으로 공기가 드나드는 통로
    ①葛藤 ②埋藏 ③氣孔 ④勤勉

23. 두 사람 이상이 함께 무슨 일을 하거나 책임을 지는 일
    ①連帶 ②矜持 ③臺本 ④隨筆

● 다음 문장 중 ( ) 안에 들어갈 한자어로 알맞은 것은?

24. 모름지기 사람은 웃어른을 ( )해야 한다.
    ①揭示 ②令狀 ③恭敬 ④英雄

25. 사할린 동포들을 위한 위문 ( )이 열렸다.
    ①公演 ②摩擦 ③危害 ④音韻

26. 마그마가 식어서 굳어진 ( )을 화강암이라 한다.
    ①考證 ②巖石 ③媒體 ④行爲

기출문제 [4급 2회]

27. 파도의 물거품이 햇빛에 ( )되어 반짝거렸다.
  ① 價値 ② 書藝 ③ 投資 ④ 反射

28. 모아둔 세뱃돈을 ( )하기 위해 은행에 갔다.
  ① 隔差 ② 退場 ③ 預金 ④ 飽和

29. 소비자의 ( )을 분석하기 위해 설문조사를 실시하였다.
  ① 趣向 ② 比喩 ③ 最近 ④ 餘暇

30. 이 작품은 한 폭의 그림을 보는 듯 시각적 ( )이 잘 표현되었다.
  ① 儉素 ② 心象 ③ 京鄕 ④ 辭典

주관식 (31~100번)

● 다음 한자의 훈(뜻)과 음(소리)을 쓰시오.

31. 益 ( )   32. 松 ( )
33. 乙 ( )   34. 解 ( )
35. 朱 ( )   36. 禁 ( )
37. 景 ( )   38. 飯 ( )
39. 惠 ( )   40. 乃 ( )
41. 徒 ( )   42. 舌 ( )
43. 湖 ( )   44. 志 ( )
45. 雲 ( )

● 다음 □ 안에 공통으로 들어갈 한자를 <보기>에서 찾아 쓰시오.

보기	減	細	容	唱	想

46. 合□, 愛□, □歌 ( )
47. □念, 理□, 思□ ( )
48. 美□, 受□, 許□ ( )
49. □部, □心, □密 ( )

● [가로열쇠]와 [세로열쇠]를 읽고, 빈칸에 공통으로 들어갈 한자를 쓰시오.

50. 作/線
  가로열쇠: 음악 작품을 창작하는 일
  세로열쇠: 모나지 아니하고 부드럽게 굽은 선

51. 權/治
  가로열쇠: 정치상의 권력
  세로열쇠: 나라를 다스리는 일

52. 交/水
  가로열쇠: 문화나 사상 따위가 서로 통함
  세로열쇠: 흐르는 물

● 다음 한자어의 독음을 쓰시오.

53. 鐵絲 ( )   54. 慶福 ( )
55. 移住 ( )   56. 丹靑 ( )
57. 待遇 ( )   58. 觀衆 ( )
59. 親舊 ( )   60. 萬若 ( )
61. 旅客 ( )   62. 洗練 ( )
63. 談笑 ( )   64. 遺傳 ( )
65. 聖君 ( )   66. 休務 ( )
67. 買收 ( )

● 다음 글을 읽고 밑줄 친 부분이 뜻하는 한자를 <보기>에서 찾아 쓰시오.

우리 주변에는 어렵게 살아가는 사람들이 적지 않다. 어려서 부모를 여읜 고아들, [68]의지할 데 없는 노인들, 그리고 [69]거리에서 방황하는 실직자들. 이들은 가정이 없거나 가정을 떠난 사람들이다. 물론, 다양한 사회복지기관에서 여러 가지의 지원과 [70]보호를 하고는 있지만, 가정에서 누리는 안정과 편안함에 비할 수 없을 것이다. 우리는 이러한 사람들의 고통을 제대로 [71]알아야 한다. 그것은 단순히 의식주의 부족뿐만 아니라, 가족이 없어서 [72]느끼는 외로움이요, 쓸쓸함이다. 따라서 이들에게 물질적인 도움에 앞서 애정 어린 관심과 따

기출문제 [4급 2회]

뜻한 정을 나누어 ⁷³⁾**줌**으로써, 우리 사회가 하나의 ⁷⁴⁾**커다란** 가정이 될 수 있도록 노력해야 할 것이다.

보기	授 偉 保 烈 感 依 認 建 街

68. (　　　)　　69. (　　　)
70. (　　　)　　71. (　　　)
72. (　　　)　　73. (　　　)
74. (　　　)

● 다음 문장 중 한자어의 독음을 쓰시오.

75. 새로운 무역협정에 대한 **條約**을 체결하였다. (　　　)

76. **獨島**가 우리나라 땅인 것은 틀림없는 사실이다. (　　　)

77. 서민 **經濟**를 살리기 위한 정책들이 제시되고 있다. (　　　)

78. 가장 중요한 쟁점을 중심으로 **討議**를 시작했다. (　　　)

79. 물체의 질량이 크면 클수록 **慣性**은 점점 커진다. (　　　)

80. 정보 **習得**을 위한 도구로 인터넷을 주로 이용한다. (　　　)

81. **環境** 보호를 위해 쓰레기를 분리하여 배출해야 한다. (　　　)

82. 이번 연주회는 종전과는 **比較**도 안 될 만큼 훌륭했다. (　　　)

83. 세계인의 **祝祭**인 베이징 올림픽이 성황리에 끝이 났다. (　　　)

84. 그의 주장은 판단의 **根據**가 부족하였다. (　　　)

85. 대기 중 오존의 **濃度**가 짙어지면 가급적 외출을 삼가야 한다. (　　　)

86. 가족 간에 대화를 통해서 원활한 **疏通**이 이루어져야 한다. (　　　)

87. 우리나라도 머지않아 **有人宇宙船**을 발사할 날을 기대해본다. (　　　)

● 다음 문장 중 (　) 안의 단어를 한자로 쓰시오.

88. 안경을 맞추기 위해 (시력)을 측정했다. (　　　)

89. (방학)을 맞이하여 외삼촌댁을 방문하였다. (　　　)

90. 신문을 읽다가 (중요)한 부분은 스크랩을 했다. (　　　)

91. 그 일은 사람들의 신뢰가 있었기에 (가능)한 일이었다. (　　　)

92. 우리 모두는 자신을 놀라게 할 수 있는 힘을 (충분)히 가지고 있다. (　　　)

93. 여름철 에어컨 사용 시에 (실내) 적정 온도는 26℃이상이다. (　　　)

● 다음 문장 중 한자어의 잘못된 글자를 바르게 고쳐 쓰시오.

94. 꽃잎은 **藥才**로 사용되기도 한다. (　　　→　　　)

95. 이번 달부터 아침 **運童**을 시작했다. (　　　→　　　)

기출문제 [4급 2회]

● 다음 한자성어의 설명을 읽고 □ 안에 들어갈 알맞은 한자를 〈보기〉에서 찾아 쓰시오.

보기	實 陰 友 安 樂 名 寸 故 苦 席

96. 一□光□(　　　)

의미	매우 짧은 시간

97. 同□同□(　　　)

의미	괴로움이나 즐거움을 함께 함

98. 有□無□(　　,　　)

의미	이름만 그럴듯하고 실속은 없음

99. 竹馬□□(　　,　　)

의미	'대말을 타고 놀던 벗' 이라는 뜻으로, 어릴 때부터 같이 놀며 자란 벗을 이름

100. 坐不□□(　　,　　)

의미	'앉아도 자리가 편안하지 않다' 는 뜻으로, 불안하거나 걱정스러워서 한군데에 가만히 앉아 있지 못하고 안절부절 못하는 모양을 이르는 말

정답

[4급] 예상문제 1회

| 객관식 |

1. ② 2. ④ 3. ① 4. ③ 5. ② 6. ② 7. ③
8. ④ 9. ① 10. ③ 11. ② 12. ③ 13. ① 14. ③
15. ① 16. ② 17. ① 18. ④ 19. ② 20. ③ 21. ①
22. ③ 23. ④ 24. ① 25. ② 26. ② 27. ④ 28. ③
29. ① 30. ②

| 주관식 |

31. 거짓 가 32. 권세 권 33. 벌릴 렬 34. 성할 성 35. 덜 감 36. 이에 내 37. 돌아올 복
38. 등잔 등 39. 다툴 경 40. 잊을 망 41. 매울 신 42. 그릇될 오 43. 궁구할 구 44. 빽빽할 밀
45. 코 비 46. 選 47. 脫 48. 製 49. 暴 50. 訪 51. 解
52. 鄕 53. 가감 54. 안보 55. 계곡 56. 청원 57. 열렬 58. 탐구
59. 연속 60. 경축 61. 해탈 62. 열거 63. 만약 64. 권세 65. 여행
66. 위급 67. 달성 68. 獨 69. 浴 70. 坐 71. 筆 72. 種
73. 持 74. 危 75. 기업 76. 납세 77. 분석 78. 공경 79. 편서풍
80. 암석 81. 함축 82. 여가 83. 투표 84. 제국주의 85. 판매 86. 희곡
87. 준법정신 88. 溪谷 89. 起立 90. 上陸 91. 依存 92. 合唱 93. 伐木
94. 海, 解 95. 銀, 恩 96. 苦, 來 97. 權, 年 98. 我, 引 99. 結, 解 100. 男, 女

[4급] 예상문제 2회

| 객관식 |

1. ① 2. ③ 3. ④ 4. ② 5. ④ 6. ① 7. ②
8. ④ 9. ② 10. ③ 11. ② 12. ② 13. ④ 14. ②
15. ④ 16. ③ 17. ① 18. ④ 19. ① 20. ③ 21. ①
22. ① 23. ② 24. ④ 25. ① 26. ③ 27. ① 28. ③
29. ④ 30. ②

| 주관식 |

31. 세울 건 32. 뭍 륙 33. 지을 제 34. 도울 협 35. 시내 계 36. 절 배 37. 더할 증
38. 바랄 희 39. 미칠 급 40. 세금 세 41. 가장 최 42. 살필 찰 43. 무리 도 44. 응할 응
45. 사나울 폭/포 46. 解 47. 除 48. 應 49. 遺 50. 婦 51. 保
52. 經 53. 취득 54. 간병 55. 권리 56. 쾌락 57. 단정 58. 존경
59. 밀도 60. 순익 61. 도달 62. 경사 63. 경쟁 64. 의존 65. 금지
66. 수련 67. 만족 68. 册 69. 容 70. 衆 71. 論 72. 最
73. 燈 74. 若 75. 마찰력 76. 농도 77. 면역 78. 대본 79. 상징
80. 기호 81. 제정일치 82. 추억 83. 체조 84. 은어 85. 전도 86. 기단
87. 대중매체 88. 論爭 89. 對應 90. 齒科 91. 害蟲 92. 練習 93. 研究
94. 危, 偉 95. 習, 拾 96. 衆, 防 97. 結, 解 98. 燈, 明 99. 鷄, 有 100. 爲, 馬

정답

[4급] 예상문제 3회

| 객관식 |

1. ② 2. ③ 3. ① 4. ④ 5. ③ 6. ② 7. ④
8. ① 9. ③ 10. ② 11. ③ 12. ④ 13. ① 14. ③
15. ② 16. ④ 17. ③ 18. ③ 19. ② 20. ① 21. ②
22. ① 23. ③ 24. ① 25. ④ 26. ② 27. ③ 28. ②
29. ② 30. ③

| 주관식 |

31. 들 거 32. 밥 반 33. 장수 장 34. 풀 해 35. 옛 구 36. 지킬 보 37. 원수 적
38. 판단할 판 39. 수컷 웅 40. 소리 성 41. 지을 조 42. 혼인 혼 43. 힘쓸 무 44. 만날 우
45. 벗을 탈 46. 散 47. 治 48. 變 49. 最 50. 俗 51. 想
52. 認 53. 의무 54. 경작 55. 희망 56. 과밀 57. 균등 58. 최적
59. 경관 60. 법률 61. 절약 62. 역설 63. 축제 64. 비극 65. 은사
66. 쾌활 67. 친구 68. 取 69. 異 70. 依 71. 聲 72. 競
73. 雄 74. 察 75. 수요 76. 환경 77. 추천 78. 형태소 79. 혈연
80. 게시판 81. 경제 82. 확률 83. 가치 84. 다원사회 85. 사전 86. 분단
87. 산책 88. 坐席 89. 最高 90. 書藝 91. 洋弓 92. 雄大 93. 獨立
94. 救, 究 95. 香, 鄕 96. 害, 益 97. 獨, 將 98. 者, 敵 99. 吾, 鼻 100. 夫, 婦

[준4급] 기출문제 1회

| 객관식 |

1. ② 2. ④ 3. ③ 4. ① 5. ② 6. ③ 7. ①
8. ③ 9. ④ 10. ② 11. ① 12. ③ 13. ① 14. ③
15. ④ 16. ② 17. ③ 18. ① 19. ③ 20. ④ 21. ①
22. ② 23. ② 24. ③ 25. ② 26. ① 27. ② 28. ④
29. ① 30. ④

| 주관식 |

31. 잎 엽 32. 완전할 완 33. 거느릴 통 34. 더울 열 35. 다리 교 36. 억 억 37. 본받을 효
38. 이를 치 39. 스승 사 40. 얼음 빙 41. 시험 시 42. 구름 운 43. 철 계 44. 검을 흑
45. 살 매 46. 訓 47. 集 48. 價 49. 落 50. 善 51. 宅
52. 技 53. 철창 54. 전기 55. 문책 56. 도덕 57. 비중 58. 신호
59. 면담 60. 소설 61. 진리 62. 품종 63. 고체 64. 화실 65. 급수
66. 대안 67. 순서 68. 赤 69. 溫 70. 感 71. 實 72. 結
73. 相 74. 助 75. 배경 76. 산책 77. 긍정적 78. 반사 79. 발매
80. 저항 81. 존엄 82. 봉사 83. 성단 84. 질량 85. 오염 86. 인내
87. 참정권 88. 昨年 89. 商店 90. 他人 91. 元老 92. 由來 93. 可能
94. 成, 誠 95. 使, 史 96. 知 97. 鳥 98. 利, 義 99. 初, 終 100. 頂, 一

정답

[준4급] 기출문제 2회

| 객관식 |

1. ③   2. ①   3. ③   4. ④   5. ②   6. ①   7. ④
8. ②   9. ③   10. ②   11. ①   12. ②   13. ③   14. ②
15. ①   16. ④   17. ②   18. ①   19. ②   20. ④   21. ③
22. ①   23. ②   24. ④   25. ①   26. ③   27. ④   28. ②
29. ①   30. ③

| 주관식 |

31. 뿔 각   32. 능할 능   33. 덕/큰 덕   34. 떨어질 락   35. 굳셀/호반 무   36. 받들 봉   37. 신선 선
38. 집 옥   39. 붉을 적   40. 처음 초   41. 특별할 특   42. 반드시 필   43. 호수 호   44. 별 성
45. 말미암을 유   46. 求   47. 河   48. 軍   49. 進   50. 賣   51. 知
52. 光   53. 시종   54. 고안   55. 시선   56. 충실   57. 열기   58. 숙제
59. 효과   60. 동지   61. 발전   62. 소망   63. 통계   64. 허가   65. 기대
66. 백설   67. 서두   68. 好   69. 通   70. 交   71. 試   72. 常
73. 宅   74. 體   75. 의지   76. 취미   77. 개량   78. 분석   79. 자율
80. 역사   81. 경험   82. 상점   83. 경례   84. 소비자   85. 재료   86. 우화
87. 양성   88. 太陽   89. 先見   90. 原理   91. 安全   92. 朝會   93. 品位
94. 姓, 性   95. 反, 半   96. 助   97. 敗   98. 備, 患   99. 以, 傳   100. 戰, 戰

[4급] 기출문제 1회

| 객관식 |

1. ③   2. ②   3. ①   4. ②   5. ④   6. ②   7. ①
8. ③   9. ②   10. ④   11. ②   12. ④   13. ②   14. ③
15. ①   16. ②   17. ④   18. ③   19. ①   20. ②   21. ④
22. ③   23. ①   24. ②   25. ③   26. ①   27. ④   28. ②
29. ①   30. ③

| 주관식 |

31. 바늘 침   32. 절 배   33. 활 궁   34. 받을 수   35. 클 위   36. 머무를 정   37. 미칠 급
38. 고를 균   39. 거스를 역   40. 눈 안   41. 조각 편   42. 맞을 적   43. 사례할 사   44. 거리 가
45. 영화 영   46. 處   47. 變   48. 增   49. 除   50. 祝   51. 忠
52. 單   53. 한계   54. 포악   55. 은혜   56. 유골   57. 쾌거   58. 금지
59. 신고   60. 청취   61. 존경   62. 희망   63. 접대   64. 한파   65. 윤리
66. 창호   67. 재화   68. 島   69. 陰   70. 獨   71. 唱   72. 宿
73. 聲   74. 走   75. 탈세   76. 취향   77. 배려   78. 첨단   79. 답사
80. 감미료   81. 질서   82. 투표   83. 효과   84. 연구   85. 오보   86. 증후군
87. 대응   88. 知識   89. 減少   90. 移動   91. 參與   92. 必勝   93. 集中
94. 主, 注   95. 長, 場   96. 同, 異   97. 業, 得   98. 燈, 親   99. 書, 耕   100. 書, 判

정답

[4급] 기출문제 2회

| 객관식 |

1. ②   2. ①   3. ③   4. ②   5. ④   6. ③   7. ①
8. ②   9. ①   10. ③   11. ④   12. ②   13. ①   14. ③
15. ④   16. ①   17. ②   18. ①   19. ③   20. ②   21. ④
22. ③   23. ①   24. ③   25. ①   26. ②   27. ④   28. ③
29. ①   30. ②

| 주관식 |

31. 더할 익   32. 소나무 송   33. 새 을   34. 풀 해   35. 붉을 주   36. 금할 금   37. 별/경치 경
38. 밥 반   39. 은혜 혜   40. 이에 내   41. 무리 도   42. 혀 설   43. 호수 호   44. 뜻 지
45. 구름 운   46. 唱   47. 想   48. 容   49. 細   50. 曲   51. 政
52. 流   53. 철사   54. 경복   55. 이주   56. 단청   57. 대우   58. 관중
59. 친구   60. 만약   61. 여객   62. 세련   63. 담소   64. 유전   65. 성군
66. 휴무   67. 매수   68. 依   69. 街   70. 保   71. 認   72. 感
73. 授   74. 偉   75. 조약   76. 독도   77. 경제   78. 토의   79. 관성
80. 습득   81. 환경   82. 비교   83. 축제   84. 근거   85. 농도   86. 소통
87. 유인우주선   88. 視力   89. 放學   90. 重要   91. 可能   92. 充分   93. 室內
94. 才, 材   95. 童, 動   96. 寸, 陰   97. 苦, 樂   98. 名, 實   99. 故, 友   100. 安, 席

한자자격시험 OMR 답안지

(사)한자교육진흥회
한국한자실력평가원

2급 ~ 6급 응시자용

제 회	응시급수
	2급
	3급
	4급
	5급
	6급

※ 감독관 확인 (서명)

성 명

수험번호

주민등록번호

객관식 답안지 작성요령

1. 반드시 컴퓨터용 수성싸인펜을 사용하여 바르게 표기하십시오.
   *바르게 표기한 예 : ●
2. 수정하고자 할 때에는 수정테이프를 사용합니다.

객관식 답 안 란

문항	답	문항	답
1	① ② ③ ④	16	① ② ③ ④
2	① ② ③ ④	17	① ② ③ ④
3	① ② ③ ④	18	① ② ③ ④
4	① ② ③ ④	19	① ② ③ ④
5	① ② ③ ④	20	① ② ③ ④
6	① ② ③ ④	21	① ② ③ ④
7	① ② ③ ④	22	① ② ③ ④
8	① ② ③ ④	23	① ② ③ ④
9	① ② ③ ④	24	① ② ③ ④
10	① ② ③ ④	25	① ② ③ ④
11	① ② ③ ④	26	① ② ③ ④
12	① ② ③ ④	27	① ② ③ ④
13	① ② ③ ④	28	① ② ③ ④
14	① ② ③ ④	29	① ② ③ ④
15	① ② ③ ④	30	① ② ③ ④

주관식 답 안 란

문항	주관식 답 안 란	초검	재검	문항	주관식 답 안 란	초검	재검
31		○	○	41		○	○
32		○	○	42		○	○
33		○	○	43		○	○
34		○	○	44		○	○
35		○	○	45		○	○
36		○	○	46		○	○
37		○	○	47		○	○
38		○	○	48		○	○
39		○	○	49		○	○
40		○	○	50		○	○

※ 주관식 답안 작성은 볼펜으로 합니다. 51~100번은 뒷면에 있습니다.

※ 초검 · 재검란의 ○에는 표기하지 마십시오.

◎ 한자자격시험 주관식 답안지 ◎

문항	주관식 답안란	초 채점	재 점	문항	주관식 답안란	초 채점	재 점	문항	주관식 답안란	초 채점	재 점	문항	주관식 답안란	초 채점	재 점
51		○	○	61		○	○	71		○	○	81		○	○
52		○	○	62		○	○	72		○	○	82		○	○
53		○	○	63		○	○	73		○	○	83		○	○
54		○	○	64		○	○	74		○	○	84		○	○
55		○	○	65		○	○	75		○	○	85		○	○
56		○	○	66		○	○	76		○	○	86		○	○
57		○	○	67		○	○	77		○	○	87		○	○
58		○	○	68		○	○	78		○	○	88		○	○
59		○	○	69		○	○	79		○	○	89		○	○
60		○	○	70		○	○	80		○	○	90		○	○
												91		○	○
												92		○	○
												93		○	○
												94		○	○
												95		○	○
												96		○	○
												97		○	○
												98		○	○
												99		○	○
												100		○	○

※ 주관식 채점위원 확인란   초검 채점위원   재검 채점위원

※ 합격자 발표 – 한자자격시험(www.hanja114.org) / ARS 060-700-2055

한자자격시험 OMR답안지

(사)한자교육진흥회
한국한자실력평가원

2급 ~ 6급 응시자용

제 회	응시급수
2급	○
3급	○
※ 감독관 확인 (서명)	준3급 ○
	4급 ○
	준4급 ○
	5급 ○
	준5급 ○
	6급 ○

성명

수험번호

주민등록번호

객관식 답안란

1	① ② ③ ④	16	① ② ③ ④
2	① ② ③ ④	17	① ② ③ ④
3	① ② ③ ④	18	① ② ③ ④
4	① ② ③ ④	19	① ② ③ ④
5	① ② ③ ④	20	① ② ③ ④
6	① ② ③ ④	21	① ② ③ ④
7	① ② ③ ④	22	① ② ③ ④
8	① ② ③ ④	23	① ② ③ ④
9	① ② ③ ④	24	① ② ③ ④
10	① ② ③ ④	25	① ② ③ ④
11	① ② ③ ④	26	① ② ③ ④
12	① ② ③ ④	27	① ② ③ ④
13	① ② ③ ④	28	① ② ③ ④
14	① ② ③ ④	29	① ② ③ ④
15	① ② ③ ④	30	① ② ③ ④

※ 객관식 답안지 작성요령
1. 반드시 컴퓨터용 수성싸인펜을 사용해야 바르게 표기 하십시오.
   *바르게 표기한 예 : ●
2. 수정하고자 할 때에는 수정테이프만을 사용합니다.

문항	주관식 답안란	초검	재검	문항	주관식 답안란	초검	재검
31		○	○	41		○	○
32		○	○	42		○	○
33		○	○	43		○	○
34		○	○	44		○	○
35		○	○	45		○	○
36		○	○	46		○	○
37		○	○	47		○	○
38		○	○	48		○	○
39		○	○	49		○	○
40		○	○	50		○	○

※ 주관식 답안 작성은 볼펜으로 합니다. 51~100번은 뒷면에 있습니다.
※ 초검 · 재검란의 ○에는 표기하지 마십시오.

◎ 한자자격시험 주관식 답안지 ◎

문항	주관식 답안란	초재 채점 점검	문항	주관식 답안란	초재 채점 점검	문항	주관식 답안란	초재 채점 점검	문항	주관식 답안란	초재 채점 점검
51		○ ○	71		○ ○	81		○ ○	91		○ ○
52		○ ○	72		○ ○	82		○ ○	92		○ ○
53		○ ○	73		○ ○	83		○ ○	93		○ ○
54		○ ○	74		○ ○	84		○ ○	94		○ ○
55		○ ○	75		○ ○	85		○ ○	95		○ ○
56		○ ○	76		○ ○	86		○ ○	96		○ ○
57		○ ○	77		○ ○	87		○ ○	97		○ ○
58		○ ○	78		○ ○	88		○ ○	98		○ ○
59		○ ○	79		○ ○	89		○ ○	99		○ ○
60		○ ○	80		○ ○	90		○ ○	100		○ ○

문항	61	62	63	64	65	66	67	68	69	70
초재 채점	○	○	○	○	○	○	○	○	○	○
점검	○	○	○	○	○	○	○	○	○	○

※ 주관식 채점위원 확인란   초점 채점위원   재검 채점위원

※ 합격자 발표 – 한자자격시험(www.hanja114.org) / ARS 060-700-2055

한자자격시험 OMR 답안지

(사)한자교육진흥회
한국한자실력평가원

2급~6급 응시자용

※ 감독관 확인	응시급수
(서명)	2급 ○ 준3급 ○ 3급 ○ 준4급 ○ 4급 ○ 준5급 ○ 5급 ○ 6급 ○

성명

객관식 답안란

1	①②③④	16	①②③④
2	①②③④	17	①②③④
3	①②③④	18	①②③④
4	①②③④	19	①②③④
5	①②③④	20	①②③④
6	①②③④	21	①②③④
7	①②③④	22	①②③④
8	①②③④	23	①②③④
9	①②③④	24	①②③④
10	①②③④	25	①②③④
11	①②③④	26	①②③④
12	①②③④	27	①②③④
13	①②③④	28	①②③④
14	①②③④	29	①②③④
15	①②③④	30	①②③④

※ 객관식 답안지 작성요령

1. 반드시 컴퓨터용 수성싸인펜을 사용하여 바르게 표기 하십시오.
   *바르게 표기한 예 : ●
2. 수정하고자 할 때에는 수정테이프만을 사용합니다.

주관식 답안지 작성요령

※ 주관식 답안 작성은 볼펜으로 합니다. 51~100번은 뒷면에 있습니다.

문항	주관식 답 안 란	초검	재검
31		○	○
32		○	○
33		○	○
34		○	○
35		○	○
36		○	○
37		○	○
38		○	○
39		○	○
40		○	○

문항	주관식 답 안 란	초검	재검
41		○	○
42		○	○
43		○	○
44		○	○
45		○	○
46		○	○
47		○	○
48		○	○
49		○	○
50		○	○

※ 초검·재검란의 ○에는 표기하지 마십시오.

◎ 한자자격시험 주관식 답안지 ◎

문항	주관식 답안란	초재 채점	문항	주관식 답안란	초재 채점	문항	주관식 답안란	초재 채점	문항	주관식 답안란	초재 채점	문항	주관식 답안란	초재 채점
51		○ ○	61		○ ○	71		○ ○	81		○ ○	91		○ ○
52		○ ○	62		○ ○	72		○ ○	82		○ ○	92		○ ○
53		○ ○	63		○ ○	73		○ ○	83		○ ○	93		○ ○
54		○ ○	64		○ ○	74		○ ○	84		○ ○	94		○ ○
55		○ ○	65		○ ○	75		○ ○	85		○ ○	95		○ ○
56		○ ○	66		○ ○	76		○ ○	86		○ ○	96		○ ○
57		○ ○	67		○ ○	77		○ ○	87		○ ○	97		○ ○
58		○ ○	68		○ ○	78		○ ○	88		○ ○	98		○ ○
59		○ ○	69		○ ○	79		○ ○	89		○ ○	99		○ ○
60		○ ○	70		○ ○	80		○ ○	90		○ ○	100		○ ○

※ 주관식 채점위원 확인란   초검 채점위원   재검 채점위원

※ 합격자 발표 – 한자자격시험(www.hanja114.org) / ARS 060-700-2055

한자자격시험 OMR 답안지

(사)한자교육진흥회
한국한자실력평가원

◎ 한자자격시험 주관식 답안지 ◎

문항	주관식 답안란	초재 채점	초재 채점	문항	주관식 답안란	초재 채점	초재 채점	문항	주관식 답안란	초재 채점	초재 채점	문항	주관식 답안란	초재 채점	초재 채점	문항	주관식 답안란	초재 채점	초재 채점
51		○	○	61		○	○	71		○	○	81		○	○	91		○	○
52		○	○	62		○	○	72		○	○	82		○	○	92		○	○
53		○	○	63		○	○	73		○	○	83		○	○	93		○	○
54		○	○	64		○	○	74		○	○	84		○	○	94		○	○
55		○	○	65		○	○	75		○	○	85		○	○	95		○	○
56		○	○	66		○	○	76		○	○	86		○	○	96		○	○
57		○	○	67		○	○	77		○	○	87		○	○	97		○	○
58		○	○	68		○	○	78		○	○	88		○	○	98		○	○
59		○	○	69		○	○	79		○	○	89		○	○	99		○	○
60		○	○	70		○	○	80		○	○	90		○	○	100		○	○

※ 주관식 채점위원 확인란   초검 채점위원   재검 채점위원

※ 합격자 발표 - 한자자격시험(www.hanja114.org) / ARS 060-700-2055

한자자격시험 OMR 답안지

(사)한자교육진흥회
한국한자실력평가원

2급 ~ 6급 응시자용

회	응시급수
제	2급 ○
	3급 ○
감독관 확인 (서명)	4급 ○
	준3급 ○
	준4급 ○
	준5급 ○
	5급 ○
	6급 ○

성명

수험번호

주민등록번호

객관식 답안란

문항	답	문항	답
1	① ② ③ ④	16	① ② ③ ④
2	① ② ③ ④	17	① ② ③ ④
3	① ② ③ ④	18	① ② ③ ④
4	① ② ③ ④	19	① ② ③ ④
5	① ② ③ ④	20	① ② ③ ④
6	① ② ③ ④	21	① ② ③ ④
7	① ② ③ ④	22	① ② ③ ④
8	① ② ③ ④	23	① ② ③ ④
9	① ② ③ ④	24	① ② ③ ④
10	① ② ③ ④	25	① ② ③ ④
11	① ② ③ ④	26	① ② ③ ④
12	① ② ③ ④	27	① ② ③ ④
13	① ② ③ ④	28	① ② ③ ④
14	① ② ③ ④	29	① ② ③ ④
15	① ② ③ ④	30	① ② ③ ④

※ 객관식 답안지 작성요령

1. 반드시 컴퓨터용 수성사인펜을 사용해야 바르게 표기 하십시오.
   *바르게 표기한 예 : ●
2. 수정하고자 할 때에는 수정테이프를 사용합니다.

주관식 답안란

문항	주관식 답안란	초검	재검
31		○	○
32		○	○
33		○	○
34		○	○
35		○	○
36		○	○
37		○	○
38		○	○
39		○	○
40		○	○

문항	주관식 답안란	초검	재검
41		○	○
42		○	○
43		○	○
44		○	○
45		○	○
46		○	○
47		○	○
48		○	○
49		○	○
50		○	○

※ 초검·재검란의 ○에는 표기하지 마십시오.

※ 주관식 답안 작성은 볼펜으로 합니다. 51~100번은 뒷면에 있습니다.

◎ 한자자격시험 주관식 답안지 ◎

문항	주관식 답안란	초채점	문항	주관식 답안란	초채점	문항	주관식 답안란	초채점	문항	주관식 답안란	초채점
51		○○	61		○○	71		○○	81		○○
52		○○	62		○○	72		○○	82		○○
53		○○	63		○○	73		○○	83		○○
54		○○	64		○○	74		○○	84		○○
55		○○	65		○○	75		○○	85		○○
56		○○	66		○○	76		○○	86		○○
57		○○	67		○○	77		○○	87		○○
58		○○	68		○○	78		○○	88		○○
59		○○	69		○○	79		○○	89		○○
60		○○	70		○○	80		○○	90		○○

문항	주관식 답안란	초채점
91		○○
92		○○
93		○○
94		○○
95		○○
96		○○
97		○○
98		○○
99		○○
100		○○

주관식 채점위원 확인란   초검 채점위원   재검 채점위원

※ 주관자 발표 – 한자자격시험(www.hanja114.org) / ARS 060-700-2055

한자자격시험 OMR 답안지

(사)한국한자실력평가원

◎ 한자자격시험 주관식 답안지 ◎

문항	주관식 답안란	초채점점	재채점점	문항	주관식 답안란	초채점점	재채점점	문항	주관식 답안란	초채점점	재채점점	문항	주관식 답안란	초채점점	재채점점	문항	주관식 답안란	초채점점	재채점점
51		○	○	61		○	○	71		○	○	81		○	○	91		○	○
52		○	○	62		○	○	72		○	○	82		○	○	92		○	○
53		○	○	63		○	○	73		○	○	83		○	○	93		○	○
54		○	○	64		○	○	74		○	○	84		○	○	94		○	○
55		○	○	65		○	○	75		○	○	85		○	○	95		○	○
56		○	○	66		○	○	76		○	○	86		○	○	96		○	○
57		○	○	67		○	○	77		○	○	87		○	○	97		○	○
58		○	○	68		○	○	78		○	○	88		○	○	98		○	○
59		○	○	69		○	○	79		○	○	89		○	○	99		○	○
60		○	○	70		○	○	80		○	○	90		○	○	100		○	○

※ 주관식 채점위원 확인란   초검 채점위원   재검 채점위원

※ 합격자 발표 – 한자자격시험(www.hanja114.org) / ARS 060-700-2055

한자자격시험 OMR 답안지

(사)한자교육진흥회
한국한자실력평가원

◎ 한자자격시험 주관식 답안지 ◎

문항	주관식 답안란	초재점검	문항	주관식 답안란	초재점검	문항	주관식 답안란	초재점검	문항	주관식 답안란	초재점검
51		○ ○	71		○ ○	81		○ ○	91		○ ○
52		○ ○	72		○ ○	82		○ ○	92		○ ○
53		○ ○	73		○ ○	83		○ ○	93		○ ○
54		○ ○	74		○ ○	84		○ ○	94		○ ○
55		○ ○	75		○ ○	85		○ ○	95		○ ○
56		○ ○	76		○ ○	86		○ ○	96		○ ○
57		○ ○	77		○ ○	87		○ ○	97		○ ○
58		○ ○	78		○ ○	88		○ ○	98		○ ○
59		○ ○	79		○ ○	89		○ ○	99		○ ○
60		○ ○	80		○ ○	90		○ ○	100		○ ○

※ 주관식 채점위원 확인란   초검 채점위원   재검 채점위원

※ 합격자 발표 - 한자자격시험(www.hanja114.org) / ARS 060-700-2055

한 번에 합격하는
한자자격시험 4급

1판 1쇄 | 2009년 2월 10일
1판 6쇄 | 2019년 3월 30일
저　　자 | 김시현
발 행 인 | 김인태
발 행 처 | 삼호미디어
등　　록 | 1993년 10월 12일 제21-494호
주　　소 | 서울특별시 서초구 강남대로 545-21 거림빌딩 4층
　　　　　www.samhomedia.com
전　　화 | (02)544-9456
팩　　스 | (02)512-3593

ISBN 978-89-7849-382-6 13710

Copyright ⓒ 2009, 김시현

출판사의 허락 없이 무단 복제와 무단 전재를 금합니다.
잘못된 책은 바꿔 드립니다.